Jens

Ulrike Manhart

•

Höre, rede, siege

Ulrike Manhart

Höre, rede, siege

Leitfaden für erfolgreiches Verhandeln

Linde
international

Bibliografische Information Der Deutschen Bibliothek

Die Deutsche Bibliothek verzeichnet diese Publikation in der Deutschen Nationalbibliografie; detaillierte bibliografische Daten sind im Internet über http://dnb.ddb.de abrufbar.

ISBN 3-7093-0077-0

Umschlag: AG MEDIA GmbH

1210 Wien, Scheydgasse 24, Tel.: 0043/1/24 630
www.lindeverlag.at

Druck: Hans Jentzsch & Co. GmbH., 1210 Wien, Scheydgasse 31

INHALT

I WARUM SIE DIESES BUCH LESEN SOLLTEN

- Kennen Sie die Situation, wenn Sie sich von Ihrem Gesprächspartner einfach nicht verstanden fühlen, obwohl Sie ihn vielleicht gut kennen und auch der Ansicht sind, dass Sie Ihre Position für den anderen völlig verständlich vertreten haben. Trotzdem reagiert der Partner so, dass Sie annehmen müssen, er habe Sie überhaupt nicht verstanden.
- Kennen Sie die Situation, dass Sie bei einer Verhandlung gute, ja sogar die besseren Argumente als der andere haben und sich dennoch letzten Endes nicht durchsetzen?
- Kennen Sie die Situation, dass Sie sich von einem anderen – trotz Ihrer Einwände – über den Tisch gezogen fühlen?
- Kennen Sie die Situation, dass Sie Rede und Antwort stehen und zu viel von sich preisgeben, obwohl Sie genau merken, dass der andere Sie einfach aushorchen will?
- Kennen Sie die Situation, dass jemand Sie beleidigt, ja bloßstellt und Ihnen einfach die richtigen Worte im rechten Moment nicht einfallen wollen?

Ja? Dann sollten Sie dieses Buch schleunigst lesen und die Taktiken, die darin erklärt werden, üben, sodass Sie im rechten Moment die richtige Antwort geben, den richtigen Trick anwenden und Ihr Gegenüber damit verblüffen können!

Dieses Buch zeigt Ihnen, warum wir oft, auch wenn wir vermeintlich die gleiche Sprache sprechen, aneinander vorbeireden.

Jeder von uns spricht nämlich in einem oder zwei dominanten Repräsentationssystemen. Darin verarbeitet er Informationen, ruft sie wieder ab und handelt auch danach. Und eine solche Sprache bzw. Handlungsweise erwartet er auch vom anderen.

Dies kann aber nur dann der Fall sein, wenn der andere auch in diesem Repräsentationssystem agiert. Wenn nicht, dann kann es zu (massiven) Schwierigkeiten kommen! Missverständnisse sind unausweichlich. Wie oft hört man doch im Bekanntenkreis oder glaubt es selbst auch, dass einen der Partner nicht verstehe, dass man aneinander vorbeirede, aneinander vorbei-

handle! Wenn man dann genauer nachfragt und hinhört, merkt man, dass es sich nicht um einschneidende Probleme handelt, sondern dass die beiden Personen eben in unterschiedlichen Repräsentationssystemen agieren!
Hat die anfängliche Bereitschaft, sich auf den anderen einzustellen, etwas nachgelassen und besinnt man sich wieder mehr auf sich selbst, dann wird es notwendig, dass man den anderen tatsächlich kennen lernt, dass man die Gründe seines Denkens und die Motive seines Handelns begreift.
Dazu ist allerdings notwendig, dass Tilgungen, Generalisierungen, Verzerrungen (siehe Abschnitt „Die Tiefenstruktur der Sprache“, Seite 47), die der andere unbewusst anwendet, durch bestimmte Fragetechniken aufgebrochen werden.
Außerdem müssen Sie die in der jeweiligen Situation beim anderen ausschlaggebenden Entscheidungskriterien erkennen und sich darauf einstellen können.
Sie sehen also, dass es gar nicht so einfach ist, den anderen verstehen, begreifen zu können. Auch wenn man glaubt, die gleiche Sprache zu sprechen, ist dem oft nicht so. Man darf sich dann auch nicht wundern, wenn Gespräche, Verhandlungen, Beziehungen scheitern.
Dieses Buch lehrt Sie, den anderen zu begreifen und seine innere Landschaft zu ergründen. Es vermittelt Ihnen Taktiken, durch die Sie fähig werden,

- die Sicht Ihres Gesprächspartners, die er aufgrund seiner bisherigen beruflichen und privaten Erfahrungen eingeengt hat, zu erweitern,
- ihm zu zeigen, dass es auch andere Reaktions- und Verhaltensmuster gibt als die, die er schablonenhaft anwendet,
- Ihren Gesprächspartner auf eine andere gedankliche Schiene zu heben – Taktiken, die beim Argumentieren, beim Verhandeln von großem Vorteil für Sie sind.

Sie lernen Fragen zu stellen, Verhandlungen zu führen und Argumenten zu begegnen, damit Sie nie wieder mundtot sind! Sie werden fähig sein, im rechten Moment schlagfertig auf einen Einwand, auf eine Beleidigung, ja auf eine Bloßstellung zu reagieren, die Absicht des anderen vorwegzunehmen, die Lacher auf Ihrer Seite zu haben.

2 DIAGRAMM DES GEHIRNS

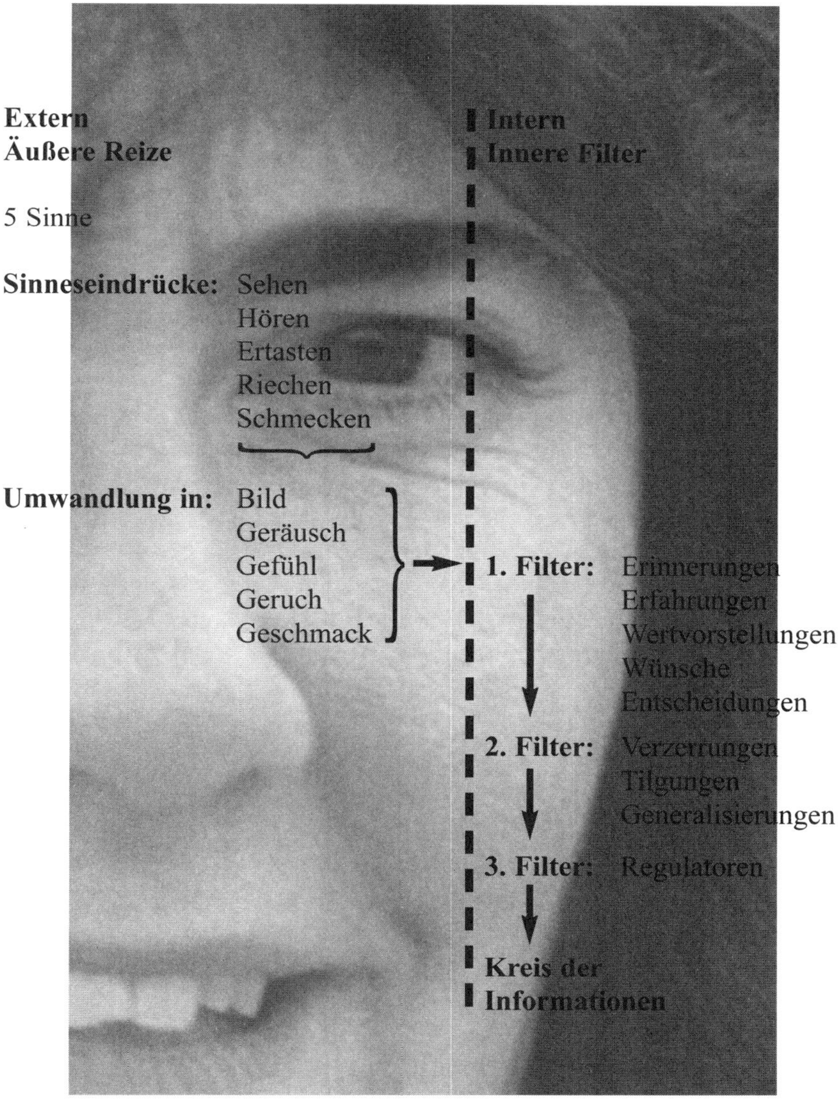

Der Filter in unserem Gehirn

Die Filter in unserem Gehirn sind dafür verantwortlich, dass die objektive Realität für jeden Einzelnen von uns zu einer jeweils subjektiven Realität umgestaltet wird. Erst dadurch werden die unterschiedlichen Sichtweisen der objektiven Realität möglich.
Jede objektiv wahrgenommene Realität durchläuft drei interne Filter, bevor sie als jeweils subjektiv verstandene, durch die jeweils unterschiedlichen internen Landschaften uminterpretierte Information abgespeichert wird.

Filter der Repräsentationssysteme: Das menschliche Gehirn nimmt durch die fünf Sinne, nämlich durch das **Auge, das Ohr, das Gefühl, durch Geschmacks- und Geruchssinn** äußere Reize auf und wandelt diese äußeren Reize dann in **Bilder, Geräusche, Gefühle, Gerüche, Geschmacksrichtungen** um.
Hier beginnt der erste Filter zu wirken. Bei vielen von uns herrscht bei der Aufnahme der äußeren Eindrücke meist ein bzw. ein zweiter Sinneskanal vor. An dieser Stelle sei gleich angemerkt, dass Geruchs- und Geschmacksinn bei uns Menschen meist keine vorherrschende Rolle spielen, sondern vielmehr dem Gefühl zugerechnet werden.
Im Wesentlichen unterscheidet man demnach **visuelle** (Auge), **auditive** (Ohr), **kinästhetische** (Gefühls-)**Repräsentationssysteme**, die in folgenden Etappen zum Einsatz kommen:

1. bei der Aufnahme von äußeren Reizen,
2. bei der Verarbeitung der Reize,
3. beim Sich-Erinnern und
4. beim Handeln.

Sie kennen das sicher, dass Sie sich etwas besser merken, wenn Sie sich ein inneres Bild davon machen oder wenn Sie sich an die Worte erinnern, die jemand gesprochen hat, wenn Sie dabei ein Probeprodukt befühlen konnten, bzw. wenn Sie beim Vortrag eines anderen z. B. mitgeschrieben haben oder sich Anmerkungen zu vorliegenden Unterlagen machen konnten. Bei jedem von uns werden dabei seine jeweils bevorzugten Repräsentationssysteme wirksam. Zu bedenken gilt es vor allem, dass die Repräsentationssysteme eben auch Einfluss auf unser Handeln haben. Durch das jeweilige Eigenhandeln erwartet man auch eine entsprechende Form des Gegenhandelns. Wenn es zum Beispiel darum geht, jemandem im Alltag seine Liebe zu beweisen, so ist es wichtig zu wissen, in welchen Repräsentationssystemen der andere vorherrschend wahrnimmt, verarbeitet, merkt und handelt. Wenn der andere ein eher visueller (**v**) Typ ist, dann braucht er einen sichtbaren Beweis für die Liebe, zum Beispiel zwischendurch einen Strauß Blumen, Pralinen etc.

Wenn der andere ein eher auditiver (**a**) Typ ist, dann braucht er einen hörbaren Beweis für die Liebe, zum Beispiel zwischendurch ein Ich-liebe-Dich.

Wenn der andere ein eher kinästhetischer (**k**) Typ ist, dann braucht er einen spürbaren Beweis für die Liebe, zum Beispiel ein In-den-Arm-genommen-Werden.

Sie können daher erkennen, dass der erste Filter dafür verantwortlich ist, ob wir **aneinander vorbeireden,** weil wir in jeweils anderen Kanälen **sprechen**, und in der Folge **aneinander vorbeihandeln,** weil wir eben auch aufgrund dieser unterschiedlichen Kanäle **handeln**.

Filter der Erfahrungen, Erinnerungen, Wertvorstellungen, Entscheidungen, Einstellungen: Durch diesen Filter wird die objektive Realität verzerrt, getilgt oder verallgemeinert. Um ihn erkennen bzw. aufbrechen zu können, gilt es, die getätigten Tilgungen, Generalisierungen, Verzerrungen (siehe Abschnitt „Die Tiefenstruktur der Sprache", Seite 47) zu hinterfragen. Dafür gibt es zum Glück bestimmte Fragetechniken, da sich die gedanklich verengte Form der objektiven Realität in der Sprache widerspiegelt.

So wird zwar die subjektiv veränderte Realität als rein objektiv verstandene Realität erlebt und auch als objektive Realität geäußert, beim näheren Hinhören lassen sich die Veränderungen, die sie im Prozess der Verarbeitung durchgemacht haben, die semantischen Veränderungsprozesse von Informationsgehalten also, erkennen und durch bestimmte Frageformen wieder dechiffrieren.

Anschließend werden die Informationsgehalte schließlich noch an einen dritten Filter weitergeleitet, bevor etwas als Information im Gehirn abgespeichert wird.

Filter der Regulatoren: Die Regulatoren sind die letzte, aber auch stärkste Filterinstanz. Sie sind dafür verantwortlich, wie die Information ausge-

wählt und genutzt wird, bevor sie in den Kreis der bereits bestehenden Informationen eingereiht wird.
Der Empfänger bekommt nie den vollständigen Gedankengang des Senders mit, da interne Filtersysteme für die subjektive Veränderung der durch die fünf Sinne erfahrenen Information der Realität verantwortlich sind. Um dennoch eine genaue, „wahrhaftere" Information erhalten zu können, muss man die Repräsentationssysteme erkennen und sich den für die Filterung verantwortlichen Prozessoren und Regulatoren zuwenden.
Erst wenn das verwendete Modell der Sprache, erst wenn die Sprachstrategie entschlüsselt wurde, können die internen Befindlichkeiten beeinflusst und verändert werden. Denn das Gehirn beeinflusst die Sprache, ebenso wie die Sprache rückwirkend die Funktionen und Muster unseres Nervensystems und dessen Biochemie beeinflusst. Am Ende dieser Kette steht das Handeln, stehen die Verhaltensweisen.

Denken – sprechen – fühlen – handeln

Das, was Sie denken, setzen Sie in Sprache um, und das führt wiederum zu einem entsprechenden Fühlen und schließlich zu einem entsprechenden Handeln! Umgekehrt beeinflusst das, was Sie sprechen, Ihre Gedanken, wodurch wieder bestimmte Befindlichkeiten und Handlungen hervorgerufen werden.

- ➔ Achten Sie auf Ihre Gedanken, denn diese setzen Sie in Sprache um.
- ➔ Achten Sie auf Ihre Sprache, denn sie beeinflusst Ihre Gedanken.
- ➔ Gedanken und Sprache beeinflussen einander wechselseitig.
- ➔ Wenn Sie Ihre Gedanken ändern, wird sich auch Ihre Sprache ändern.
- ➔ Wenn Sie Ihre Sprache ändern, wird sich auch Ihr Denken ändern und es werden sich als unmittelbare Folge Ihre Befindlichkeiten und schließlich Ihre Handlungen ändern.
- ➔ Seien Sie sich auch bewusst, dass negative Gedanken negative Befindlichkeiten hervorrufen, die insgesamt Ihren Körper schwächen.

Um Ihnen das bewusst zu machen, erkläre ich Ihnen den Muskeltest, der aus der Kinesiologie stammt und den Sie an einer anderen Person durchführen können:

Übung ✓

Übung 1

Eine Person steht aufrecht, geerdet, d. h. die Beine schulterbreit auseinander und dadurch besonders sicher auf dem Boden. Bitten Sie die Person, die Augen zu schließen und sich einen anderen Menschen oder eine Situation, die in ihr ein unangenehmes Gefühl auslöst, vorzustellen. Damit sich Ihre Testperson besonders tief in diese Vorstellung versenken kann, geben Sie ihr Unterstützung, indem Sie sie auffordern, sich eventuell ein gedankliches Bild zu machen, hinzuhören, was sie vielleicht vernehmen könne, was sie vielleicht rieche oder schmecke, wenn sie sich in diese Situation genau hineinversetzt, und dabei das negative Gefühl, das sie empfindet, in sich ganz stark werden lässt!
Sagen Sie zum Beispiel:
„Schließen Sie die Augen und stellen Sie sich eine Situation oder eine Person vor, die in Ihnen ein unangenehmes Gefühl hervorruft. Lassen Sie das negative Gefühl ganz stark werden. Konzentrieren Sie sich ganz genau auf diese Person oder diese Situation und machen Sie sich davon vielleicht ein inneres Bild. Was sehen Sie? Vielleicht hören oder riechen oder schmecken Sie auch etwas? Lassen Sie das negative Gefühl von unten nach oben den ganzen Körper durchströmen, achten Sie dabei aufmerksam darauf, was Sie vielleicht sehen, hören, riechen oder schmecken. Wenn Sie nun ganz stark in dieser Situation bzw. bei dieser Person sind und das negative Gefühl sehr intensiv geworden ist, dann nicken Sie mit dem Kopf und öffnen die Augen wieder!“
Und jetzt stellen Sie sich vor diese Person hin und bitten Sie sie, den linken Arm zur Seite zu strecken. Legen Sie nun Ihre linke Hand auf die rechte Schulter der Person sowie Ihre rechte Hand auf die linke Hand ihres ausgestreckten Armes! Sagen Sie, dass Sie nun versuchen werden, mit Ihrer rechten Hand ihre linke Hand hinunterzudrücken und sie mit der linken Hand durch Nach-oben-Drücken Widerstand leisten solle. Kündigen Sie den Druck Ihrer Hand an, indem Sie sagen: „Ich drücke jetzt!“
Sie werden sehen, dass die negativen Gedanken und das dadurch ausgelöste negative Gefühl die Muskelkraft der Testperson so weit geschwächt haben, dass sie Ihnen wenig Widerstand leisten kann, zumindest weniger Widerstand als in dem nächsten Versuch, bei dem sich die Testperson eine Person oder Situation vorstellen soll, die bei ihr ein positives Gefühl hervorruft. Die Testperson wird bei diesem Versuch nämlich Stärke beweisen, und Sie werden Mühe haben, ihren Arm hinunterzudrücken.

Wichtig ist, dass Sie bei der verbalen Unterstützung der Situations- bzw. Personenvorstellung langsam und leise sprechen und dass Sie der Testperson wirklich Zeit lassen, sich in diese Situation hineinzuleben und das jeweilige Gefühl stark werden zu lassen.
Wichtig ist auch, dass Sie nach der Muskel- und Körperschwächung durch das negative Gefühlserlebnis den Körper der Testperson wieder ins innere Gleichgewicht bringen.
Fordern Sie die Person auf, wechselseitige Bewegungen zu vollführen, sich z. B. zügig durch den Raum zu bewegen und gleichzeitig Arm und Bein wechselseitig zu bewegen: immer linkes Bein und rechter Arm nach vorne, dann rechtes Bein und linker Arm nach vorne usw. Bei jeder Bewegung muss die Person kräftig ausatmen, dann einatmen und bei der nächsten Bewegung wieder ausatmen usw.
Diese wechselseitigen Bewegungen entsprechen dem anatomischen Aufbau des Menschen, da die linke Gehirnhälfte, die das logische Denken, das Rechen- und Sprechvermögen steuert, die rechte Körperseite beherrscht, während die rechte Gehirnhälfte, in der unsere Emotionen, Fantasie, Kreativität stecken, unsere linke Körperseite dominiert.
Wechselseitige Bewegungen lassen sich auch durch das Heben des linken Beines und das gleichzeitige Hinführen des rechten Ellbogens zum linken Knie ausführen. Auch bei dieser Bewegung muss wieder zunächst kräftig ausgeatmet und danach tief durch die Nase eingeatmet werden. Anschließend wird die Bewegung mit dem linken Ellbogen und dem rechten Knie durchgeführt.
Bevor Sie nun die Übung mit einer positiv besetzten Situation oder einem positiv besetzten Menschen wiederholen, lassen Sie die Person gedanklich abschalten. Fragen Sie sie etwa danach, was sie an diesem Tag noch zu unternehmen gedenke, oder nach ähnlichen neutralen Inhalten.

Übung 2

Stellen Sie sich aufrecht hin, lassen Sie dabei die Arme an Ihrem Körper seitlich hinunterbaumeln. Achten Sie darauf, dass Sie frei stehen und nichts Ihren Bewegungsspielraum einschränkt. Schließen Sie die Augen und stellen Sie sich eine negative Situation oder eine Person vor, die bei Ihnen negative Gefühle auslöst. Gehen Sie für sich gedanklich die einzelnen Bereiche durch: Was sehen Sie, was hören, riechen oder schmecken Sie? Lassen Sie dabei wieder das negative Gefühl ganz stark werden!

Wenn Sie ganz stark in der Situation sind, dann achten Sie mit geschlossenen Augen auf Ihren Körper: Welche Bewegungen führt er durch? Es kann sein, dass er vor und zurück wippt oder dass er leichte Kreisbewegungen ausführt. Es kann auch sein, dass er ganz starr bleibt oder dass sich bei Ihnen Beklemmungsgefühle einstellen. Wenn Sie diese körperliche Reaktion wahrgenommen haben, dann nicken Sie mit dem Kopf zum Zeichen der Beendigung dieser Übung und öffnen Sie die Augen. Danach führen Sie wechselseitige Bewegungen durch, um die Gehirnhälften und somit den Körper wieder ins innere Gleichgewicht zu bringen. Lenken Sie kurz Ihre Gedanken auf neutrale Inhalte und wiederholen Sie dann diese Übung, nun jedoch mit einer positiv zu erlebenden Situation oder Person. Überprüfen Sie wieder, was Sie allenfalls sehen, hören, riechen oder schmecken, während Sie sich diese Situation oder Person genau vorstellen, und lassen Sie nun das positive Gefühl in sich ganz stark werden! Beobachten Sie wieder Ihren Körper, wie er auf dieses positive Gefühl reagiert. Sie werden erkennen können, dass er ohne Ihr Zutun andere Bewegungen ausführt, dass sich vielleicht auch ein Lächeln in Ihr Gesicht gezaubert hat. Wenn Sie Ihren Körper genau beobachtet haben, dann nicken Sie wieder mit dem Kopf und öffnen die Augen.

Durch solche Übungen sollen Sie lernen, in Hinkunft weniger negative Gedanken mit sich herumzutragen, weil Ihr Körper dadurch automatisch geschwächt wird. Lieber sollten Sie versuchen, bewusst an etwas Schönes zu denken, um Geist und Körper wieder zu stärken. Sie können bei diesen Übungen durchaus auch laut positive Dinge aussprechen, da Sie ja gehört haben, dass die Sprache auch unser Denken unmittelbar beeinflusst.

Der Filter der Repräsentationssysteme

Der so genannte **Augentest** hilft Ihnen, die Repräsentationssysteme, die bei Ihrem Gesprächspartner wirken, leichter zu erkennen.

Übung ✓

Test

Dazu müssen Sie Ihrem Gegenüber Fragen stellen, bei denen er entweder etwas neu konstruieren muss – Wie und wo wirst du deinen nächsten Urlaub verbringen? Wie stellst du dir deine nächsten Jahre vor? Was wirst du in der Pension machen? Oder durch die er sich an etwas erinnern muss – Welcher Urlaub war dein schönster und wieso? Wie viele Fenster/Zimmer hat deine Wohnung? Was war dein schönstes Kindheitserlebnis?
Beobachten Sie dabei die Augenbewegungen Ihres Gesprächspartners, wenn er zur Antwort ansetzt:

- ➔ Ist er ein visueller Typ, so werden seine Augen beim Neukonstruieren nach rechts oben wandern, beim Sicherinnern nach links oben bzw. geradeaus blicken.
- ➔ Ist Ihr Gesprächspartner ein auditiver Typ, so werden seine Augen beim Neukonstruieren nach rechts zur Seite wandern, beim Sich erinnern nach links zur Seite gerichtet sein. Führt diese Person zwecks Problemlösung mit sich selbst einen inneren Dialog, dann werden die Augen nach links unten wandern.
- ➔ Ist Ihr Gesprächspartner ein kinästhetischer Typ, so werden seine Augen in jedem Fall nach unten rechts gerichtet sein.

Bei der Bestimmung der Blickrichtung müssen Sie darauf achten, dass Sie nicht von sich ausgehen, sondern von dem Betrachteten selbst!

Blickrichtungen

Rechte Seite:
- visuell/auditiv konstruiert
- kinästhetisch

Linke Seite:
- visuell/auditiv erinnert
- innerer Dialog

Wenn sich die Augen bewegen nach:

Rechts oben:
visuell konstruiert
Die Person konstruiert Bilder von Situationen oder Dingen, die noch nicht geschehen sind.

Mitte fokussiert:
visuell erinnert
Die Person sieht innere Bilder von Situationen oder Dingen, an die sie sich erinnert.

Links oben:
visuell erinnert
Die Person sieht innere Bilder von Situationen oder Dingen, an die sie sich erinnert.

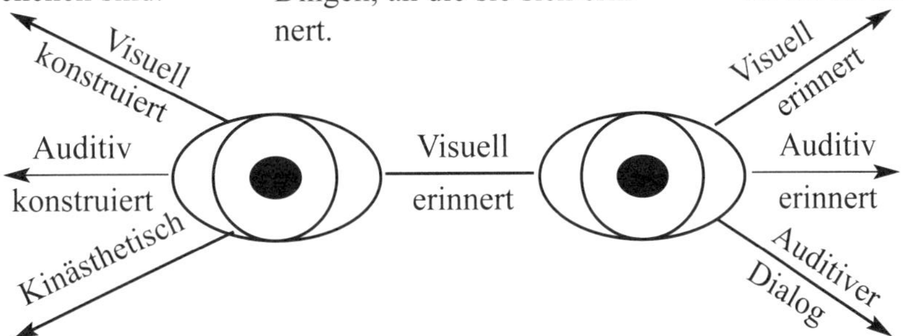

Rechts horizontal:
auditiv konstruiert
Die Person konstruiert Geräusche, Stimmen, Klänge.

Links horizontal:
auditiv erinnert
Die Person erinnert sich an etwas, was sie bereits gehört hat.

Rechts unten:
Kinästhetisch
Die Person fühlt eine Emotion, eine psychische Herausforderung.

Links unten:
auditiv internal
Die Person spricht zu sich selbst (internaler Dialog).

Visuell orientierte Personen

Personen, die visuell orientiert sind, arbeiten mit inneren Bildern. Sie bevorzugen Wortarten, die mit dem „Sehen“ zu tun haben.

Verba	**Nomen**	**Adjektive**	**Redewendungen**
sehen/schauen	Einsicht	hell/dunkel	den Anschein haben
ansehen/anschauen	Aussicht	klar/unklar	ans Licht kommen
einsehen	Ausblick	verschwommen	Licht auf etwas werfen
vorsehen/ vorhersehen	Anschauung	vernebelt	eine Szene machen
betrachten	Aspekt	funkelnd	aus einem bestimmten Blickwinkel betrachten
visualisieren	Illusion	farbig (alle Farben)	etwas durch die rosarote Brille sehen
durchblicken	Einblick/Blick	erhellend	eine Vision von etwas haben
beleuchten/ durchleuchten	Horizont	durchsichtig	von einer bestimmten/anderen Perspektive aus betrachten/ die gleiche Perspektive haben/eine andere Perspektive gewinnen
fokussieren	Brennpunkt	weit-/kurzsichtig	mit bloßem Auge/ Aug in Aug einander gegenüberstehen/ Aug um Aug, Zahn um Zahn/ein Auge auf etwas haben/ein Auge zudrücken
erscheinen/scheinen	Gesichtspunkt	bildschön	eine Augenweide sein/Spieglein, Spieglein an der Wand, wer ist die Schönste im ganzen Land?

Verba	Nomen	Adjektive	Redewendungen
illustrieren	Sicht/ Perspektive	strahlend/ glänzend	eine düstere Angelegenheit sein
inspizieren	Voraussicht	einleuchtend	das ist sonnenklar
sich vorstellen	Überblick/ Übersicht	einsichtig/ einsichtslos	(k)eine Chance sehen
klarmachen (offenbaren)	Schimmer/ Schein	blitzartig	der Schein trügt
widerspiegeln	Trugbild	offensichtlich	jemandem Sand in die Augen streuen
zeigen/aufzeigen/ anzeigen	Anblick	augenscheinlich	Liebe auf den ersten Blick
auftauchen	Blickfeld	düster	schwarz sehen/ schwarz malen
darlegen	Fernblick	attraktiv	das werden wir schon (noch) sehen
veranschaulichen	Hellseherei	verblichen	schillernde Visionen haben
vortäuschen erblicken	Vorbild Schatten/ Schattenbild	erkennbar unkenntlich	alles klar? jemand ist ein Schatten seiner selbst
starren/anstarren	Licht/Sonne	grell	wo viel Licht ist, ist viel Schatten
blenden/verblendet sein	Flamme/Blitz	emporlodernd	etwas sticht mir ins Auge
ausstrahlen	Scheinbild	schillernd	keinen blassen Schimmer haben
anstrahlen	Glanz	leuchtend	ein Bild für Götter sein
bescheinigen	Regenbogen	fluoreszierend	ins Leere starren
verschwinden	Rauch/Nebel	dick/dünn	sich einen Überblick verschaffen
reflektieren	Erscheinung	rein/schmutzig	eine gute Erscheinung sein

Verba	Nomen	Adjektive	Redewendungen
glänzen/blitzen	Feuerwerk	groß/klein	das ist eine schmutzige Angelegenheit
vernebelt sein	Illumination	finster	auf der Bildoberfläche auftauchen/ von der Bildoberfläche verschwinden
überwachen	Mittelpunkt/ Anfangs-/ Endpunkt	verwischt	die Sterne sehen
angaffen	Farbe	blanko	das ist eine brillante Idee
zielen/abzielen	Angesicht	bildlich	ein konkretes Ziel vor Augen haben
karikieren	Abbild(ung)	bunt	Tatsachen verschleiern
fantasieren	Zerrbild	obskur	es scheint, dass
aufpassen	Fotografie	kristallklar	Farbe bekennen

Auditiv orientierte Personen

Personen, die auditiv orientiert sind, arbeiten mit Hörbarem. Sie bevorzugen verbale Anweisungen sowie Wortarten, die mit dem „Hören" zu tun haben. Um ein Problem leichter lösen zu können, führen sie mit sich einen inneren Dialog.

Verba	Nomen	Adjektive	Redewendungen
hören	Geräusch	laut/leise	zum Schweigen bringen
zuhören	Ton	lärmend	auf taube Ohren stoßen
anhören	Musik	hörbar	ein Urteil fällen
verhören	Stille	taub/taubstumm	(noch nichts) davon gehört haben

Verba	**Nomen**	**Adjektive**	**Redewendungen**
ankündigen	Lautstärke	dissonant	eine Meinung äußern
verkündigen	Gerücht	mündlich	Wort für Wort
artikulieren	Lärm	sprachlos	Stimmen hören
diskutieren	Reim	monoton	Worte gegen die Wand sprechen
besprechen/ sprechen	Konversation	gehorsam	in ein Ohr hinein, beim anderen hinaus
fragen/nachfragen	Besprechung	ausgesprochen	das ist ein Knaller
erzählen	Diskussion	entsprechend	etwas mit eigenen Ohren gehört haben
erwidern	Getöse	klingend	in Harmonie sein
antworten	Rede	kommunikativ	eine Klatschtante sein
erhören	Vortrag	umgangs-sprachlich	einen Rat einholen
erwähnen	Antwort	fluchend	das Wort führen
reden/bereden	Frage	fauchend	eine versteckte Botschaft vermitteln
sich verreden	Akzent	dröhnend	in Verruf bringen
schreien	Rhythmus	eintönig	etwas auf etwas Be-stimmtes abstimmen
rufen/zurufen	Wort	geräuschvoll	die (Un)Wahrheit sagen
verschreien	Stichwort	stimmig	eine Angelegenheit besprechen
überstimmen	Harmonie/ Disharmonie	gesprächsweise	der Groschen ist gefallen
übereinstimmen	Verruf	krachend	in Verruf kommen
melden	Botschaft	krakeelend	es machte klick
erhört werden	Kommuni-kation	lauthals	ganz Ohr sein
etwas vertonen	Klang	lautstark	Bericht erstatten

Verba	Nomen	Adjektive	Redewendungen
abstimmen auf etwas	Geschrei	schallend	das klingt gut
gehört werden	Ruf	ohrenbetäubend	jemandem Gehör schenken
brüllen	Dialekt	schrill	eine schallende Ohrfeige geben
kreischen	Mundart	unstimmig	das klingt spanisch
jammern	Jargon	verbal	den Mund halten
aussprechen	Hochsprache	vernehmbar	einen guten/schlechten Ruf haben
zustimmen	Unterredung	vernehmlich	den richtigen Ton anschlagen/finden
singen	Verständigung	widerhallend	seine Stimme abgeben
jubilieren	Echo	tosend	ein tosender Applaus
betteln	Anrede	heulend	etwas vom Hörensagen kennen
bitten	Auskunft	quietschend	das pfeifen die Spatzen von den Dächern
(an)beten	Predigt	ratternd	den Ton angeben
komponieren	Benachrichtigung	konzertiert	sich mit Worten bemerkbar machen
klopfen	Dialog	hüstelnd	jemandem eine Predigt halten
(ver)schweigen	Monolog	wortreich	es krachen lassen
nuscheln		rauschfrei	der Ton macht die Musik
informieren	Argument	taktlos	dieser Hit ist ein Ohrwurm
sagen	Gespräch	gesprächig	das Wort erteilen/erheben
ansagen	Gerede	stumm	Hohlraumsausen haben

Verba	**Nomen**	**Adjektive**	**Redewendungen**
anrufen	Wortschatz	schweigsam	ein Gerücht verbreiten
argumentieren	Kommentar	beredt	das ist Musik in meinen Ohren
sich äußern	Gezanke	redegewandt	keine Widerrede zulassen
ausdrücken	Schall	lautlos	etwas mit eigenen Worten beschreiben
erzählen	Resonanz	krächzend	ein Raunen ist zu hören
berichten	Schweigen	krähend	einen entsprechenden Kommentar abgeben
streiten	Geraschel	jaulend	einen Streit mit anhören
diskutieren	Gebrumme	donnernd	eine Diskussion auslösen
kommentieren	Hall	plätschernd	auf der gleichen Wellenlänge sein
konversieren	Nachrede	trällernd	eine üble Nachrede haben

Kinästhetisch orientierte Personen

Personen, die kinästhetisch orientiert sind, lassen sich durch „Gefühle“ leiten. Sie bevorzugen Wortarten, die mit „Fühlen, Berühren, Begreifen, Anfassen ...“ zu tun haben, mit dem „inneren Fühlen als auch mit dem äußeren (An)Fühlen, mit dem inneren Bewegtsein/werden als auch mit dem äußeren Bewegen“.

Verba	**Nomen**	**Adjektive**	**Redewendungen**
fühlen	Gefühl	emotional	etwas fühlt sich gut/schlecht an
an/befühlen	Emotion	gefühlsbedingt	sich etwas zu Herzen nehmen

Verba	**Nomen**	**Adjektive**	**Redewendungen**
(un)glücklich sein	Glück	überglücklich	alles Glück auf Erden liegt in deinen Händen
traurig sein	Hass	nieder-schmetternd	in Berührung kommen mit etwas
lieben	Herzschlag	verliebt	die Liebe in sich spüren/ein Kribbeln im Bauch spüren
hassen	Neid	gefühlskalt	die Schuld an etwas tragen
fröhlich/lustig sein	Freude	spaßig	eine innere Ausge-glichenheit spüren
verzweifelt sein	Depression	panisch	ein bestimmtes Gefühl steigt in mir hoch
schmerzen	Stress	unerträglich	des einen Leid, des anderen Freud
spüren	Berührung	gefühlvoll	sich erwärmen für etwas
drücken	Kontakt	fest	Kontakt aufnehmen mit jemandem
berühren	Druck	zart	in die Finger be-kommen
bewegen	Spannung	lau	im Handumdrehen
an/ergreifen	Angriff	gefühllos	sich auf die Hinter-beine stellen
begreifen	Bewegung	hart	sich im Kreis drehen
erleiden	Schmerz	unbegreiflich	etwas in den Griff bekommen
erdulden	Eindruck	greifbar	etwas aushalten/ ertragen
erfassen	Erregung	unbegreifbar	Hand in Hand/ eine Hand wäscht die andere

Verba	**Nomen**	**Adjektive**	**Redewendungen**
anfassen	Anspannung	schmerzhaft	jemandem die Hand reichen
empfinden	Körper-kontakt	herzzerreißend	festen Boden unter den Füßen haben
gefallen	Anpassung	betörend	etwas geht mir durch den Kopf
handhaben	Ausdauer	sensitiv	wie vom Blitz getroffen sein
sich anstrengen	Beharrlichkeit	sensibel	in sich gehen
schieben	Beständigkeit	wütend	jemandem in den Rücken fallen
(er)tragen	Stabilität	fühlbar	etwas mit Fassung tragen
agieren	Aktion/Tat	aktiv	etwas in die Tat umsetzen
(er)schlagen	Gewalttat	erträglich	jemandem zu nahe treten
anschlagen	Enttäuschung	(un)empfindlich	dich sticht wohl der Hafer
verschlagen	Trauer	überempfindlich	jemandem Angst einjagen
(ein)dringen	Dringlichkeit	befriedigend	alle Hemmungen fallen lassen
festhalten	Resignation	packend	zu neuen Ufern aufbrechen
sich anhalten	Mutlosigkeit	leicht/schwer	himmelhoch jauchzend – zu Tode betrübt
vertragen	Agilität	unternehmungslustig	jemanden klein machen
(ab)schneiden	Starrheit	kalt	sich ein Scherflein von etwas abschneiden

Verba	**Nomen**	**Adjektive**	**Redewendungen**
drehen	Bewegungslosigkeit	inaktiv	sich stets im Kreise drehen
wenden	Wendung	weich	jemanden zwangsweise wohin befördern
(ab)wenden	Hilflosigkeit	ausdauernd	den Atem verlieren
bewundern	Extrovertiertheit	leidenschaftlich	mit großer Bewunderung erfüllt sein
dagegensteuern	Introvertiertheit	behäbig	mit jemandem Schritt halten
beherzigen	Barmherzigkeit	warm	sich für etwas erwärmen
(an)nehmen	Empfänglichkeit	gefühlsbetont	etwas mit Wohlgefallen annehmen
(an)binden	Vorgehen	nachtragend	für etwas die Hand ins Feuer legen
(ver)spüren	Verwüstung	unverwüstlich	Schritt für Schritt

Olfaktorisch/gustatorisch orientierte Personen

Solcherart orientierte Personen arbeiten mit „Riechbarem" bzw. „Schmeckbarem". Da der olfaktorische und der gustatorische Bereich bei den meisten Menschen nicht unbedingt als dominante Repräsentationssysteme ausgeprägt sind und daher dem kinästhetischen Bereich zugezählt werden, begnügen wir uns hier mit ein paar Beispielen.

Verba	**Nomen**	**Adjektive**	**Redewendungen**
riechen	Geruch	stinkend	dieser Geruch sticht mir in die Nase
wittern	Würze	duftend	dieser Wohlgeruch ist betörend
schmecken	Geschmack	sauer	eine würzige Brise

Verba	Nomen	Adjektive	Redewendungen
duften	Duft	süß(lich)	der Duft der Frauen
(sich) erfrischen	Frische	erfrischend	eine erfrischende Idee haben
stinken	Odem	verraucht	eine fade/schale Angelegenheit
würzen	Appetit	geschmackvoll	ein köstliches Menü
salzen	Schärfe	ätzend	eine ätzende Bemerkung machen
abschmecken	Aroma	köstlich	vollmundige Weine trinken
sich einparfümieren	Bitterkeit	stechend	auf den Geschmack kommen
süßen	Gestank	stickig	das ist eine bittere Pille
pfeffern	Säure	blumig	frisch wie der Morgen
aromatisieren	Köstlichkeit	herb	diese Person kann ich nicht riechen
beschnuppern	Parfum	scharf	mir stinkt das

Unspezifischer, neutraler Sprachgebrauch

Es gibt natürlich auch Wörter, die keinem spezifischen Sinneskanal zuzuordnen sind. Beispiele dafür finden Sie in der folgenden Tabelle:

Verba	Nomen	Adjektive	Redewendungen
sein	Prozess	nett	sein Bestes tun
haben	Zugang	hilfreich	eine ausgezeichnete Idee
werden	Erwartung	verschieden	es ist einfach
tun	Erfahrung	artig	jemanden motivieren

Verba	Nomen	Adjektive	Redewendungen
machen	Auffassung	ähnlich	sich bewusst machen
vergessen	Begrenzung	gleich	eine Erfahrung verarbeiten
versuchen	Wahr-nehmung	verdächtig	Glauben schenken
denken	Erinnerung	glaubhaft	achtsam sein
erwägen	Höflichkeit	wissentlich	sich einig sein
lernen	Bewusstsein	ausdrücklich	etwas durchführen

Übung ✓

Übung 1

Um Ihr Gehör zu schulen und Ihr Gespür für die einzelnen Sinneskanäle zu festigen, können Sie folgende Übung machen. Ordnen Sie die unten angegebenen sprachlichen Wendungen den einzelnen Sinneskanälen zu. Die Lösungen finden Sie jeweils in der rechten Spalte. (V: visuell, A: auditiv, K: kinästhetisch, N: neutral)

Redewendungen	**Lösung**
Da sehe ich keine Chance!	**V**
Du solltest den richtigen Ton anschlagen.	**A**
Mir geht das alles sehr nahe. Das, was er sagte, war wie ein Schlag unter die Gürtellinie.	**K**
Mein Partner nimmt mich sehr in Anspruch.	**A**
Die beiden machen gemeinsame Sache.	**N**
Ich muss das Problem in den Griff bekommen!	**K**
Du musst das von einer anderen Perspektive aus betrachten!	**V**
Das bringt vielleicht Licht in die Angelegenheit!	**V**
Ich muss diese Aufgabe machen!	**N**
Schauen wir uns die Sache doch noch einmal genau an!	**V**
Mir ist das völlig einleuchtend.	**V**
Da hast du dich wohl geirrt!	**N**
Ich fühle mich Ihren Anforderungen nicht mehr richtig gewachsen.	**K**
Wir stimmen in vielen Dingen überein.	**A**

Redewendungen	Lösung
Die Aussichten, mit dem neuen Chef zurechtzukommen, sind ziemlich düster.	V
Diese Angelegenheit lastet schwer auf meinen Schultern!	K
Mir wird schlecht, wenn ich daran denke!	K
Das wird eine ganz heiße Sache!	K
Heute geht mir alles auf den Geist!	K
Ich bin völlig aus dem Takt!	A
Ich muss mich irgendwie selbst motivieren.	N
Dieses Bild hat sich unauslöschlich bei mir eingeprägt!	V
Mir wird eiskalt, wenn ich daran denke!	K
Am liebsten würde er alles unter den Teppich kehren.	K
Wort für Wort habe ich ihm den Vertrag erklärt.	A
Endlich habe ich das begriffen!	K
Wir sind auf der gleichen Wellenlänge.	A
Das klingt spanisch für mich!	A
Ich lege für diese Person meine Hand ins Feuer.	K
Ich muss mir diese Angelegenheit erst einmal bewusst machen.	N
Ich denke, das können wir gemeinsam erledigen.	N
Er wird für einen reibungslosen Ablauf des Geschehens sorgen.	K
Er ist ein ganz harter Bursche.	K
Sie ist eine nette Person.	N
Bei seiner Argumentation darf man an der Oberfläche nicht zu kratzen beginnen.	K

Übung 2

Bei der folgenden Übung sollen Sie vorerst das Repräsentationssystem erkennen, in dem der Satz formuliert worden ist, und ihn dann in die anderen Repräsentationssysteme übertragen.

Der **Groschen** ist bei mir **gefallen**. **A**
Umformung: V: Jetzt habe ich den **Durchblick**.
Umformung: K: Jetzt habe ich es **begriffen**!

Ich habe das **Gefühl**, ich sei unerwünscht! **K**
Umformung: V: Ich **sehe in Ihren Augen** Ablehnung mir gegenüber!
Umformung: A: Ich entnehme aus Ihren **Worten Misstöne** mir gegenüber!

Schauen wir uns die Sache noch einmal ganz genau **an**! **V**

Umformung: A: Ich gebe Ihnen gerne weitere **Informationen**, damit Sie diese Sache besser **verstehen** können!

Umformung: K: **Gehen** wir gemeinsam die Sache noch einmal **durch**, damit Sie sie **begreifen** können!

Und nun versuchen Sie es selbst! Die Lösung finden Sie unten im Anschluss an die Beispiele.

Beispiel 1: Ich frage mich, wie das passieren konnte! Repräsentationssystem:

Umformung: ....

Umformung: ....

Beispiel 2: Wenn Sie vergleichen, werden Sie sehen, dass unser Produkt das beste ist! Repräsentationssystem:

Umformung: ....

Umformung: ....

Beispiel 3: Es ist wichtig, dass Sie den Vertrag in allen Details begreifen, um ihn annehmen zu können! Repräsentationssystem:

Umformung: ....

Umformung: ....

Lösung

Beispiel 1: Repräsentationssystem: **A**

Umformulierungsvorschlag: V: Ich erkenne nicht den Zusammenhang, wie das passieren konnte!

Umformulierungsvorschlag: K: Ich begreife nicht, wie das auftreten konnte!

Beispiel 2: Repräsentationssystem: **V**

Umformulierungsvorschlag: A: Wenn Sie sich die Urteile über die unterschiedlichen Produkte anhören, werden Sie verstehen, dass unser Produkt das beste ist!

Umformulierungsvorschlag: K: Wenn Sie die Produkte gegeneinander abwägen, werden Sie spüren, dass unser Produkt das beste ist!

Beispiel 3: Repräsentationssystem: **K**

Umformulierungsvorschlag: V: Es ist wichtig, dass Sie sich einen genauen Einblick in den Vertrag mitsamt seinen Details verschaffen, damit Sie ihn, von allen Perspektiven aus betrachtet, akzeptieren können!

Umformulierungsvorschlag: A: Es ist wichtig, dass für Sie alle Details des Vertrages geklärt sind, damit Sie Ihre Zusage geben können!

Übung 3 a

Lassen Sie sich von Ihrem Gesprächspartner schildern, welcher sein schönster Urlaub war. Hören Sie dabei genau hin, welches Vokabular er verwendet und was er schildert bzw. beschreibt. Fragen Sie so lange, bis Sie sich über das vorherrschende Repräsentationssystem im Klaren sind. Dann stellen Sie Ihrem Gesprächspartner Fragen, die sich zunächst auf Visuelles beziehen, dann auf Auditives und schließlich auf Kinästhetisches. Fragen Sie ihn anschließend, von welchem Fragenkomplex er sich am meisten bzw. am wenigsten angesprochen fühlte. Sie werden erkennen können, dass der Fragenkomplex aus dem Repräsentationssystem, das er vorwiegend verwendet hat, ihn am meisten angesprochen hat und der Fragenkomplex aus dem Repräsentationssystem, das er am wenigsten verwendet hat, ihn auch am wenigsten interessiert hat.

Diese Übung ist simpel, aber verblüffend aussagekräftig hinsichtlich der Repräsentationssysteme Ihres jeweiligen Gesprächspartners. Sie zeigt auch, wie wichtig es ist hinzuhören, sich auf das/die Repräsentationssysteme des Gesprächspartners einzustellen und sie in die eigene Sprache zu übernehmen. Denn vergessen Sie nicht: Denken, Sprechen und Handeln sind eine Dreiheit! Seien Sie sich dessen immer bewusst, besonders dann, wenn Ihnen ein Anliegen wichtig ist.

Für die folgende Übung können Sie sich selbstverständlich ein x-beliebiges Ereignis schildern lassen. Wir verwenden zur Veranschaulichung der jeweiligen Repräsentationssysteme drei unterschiedliche Beschreibungen eines Urlaubs auf der griechischen Insel Mykonos. Sie werden erkennen, dass die Erzählungen sowohl sprachlich wie auch in gewisser Weise vom Inhalt her anders gefärbt und gewichtet sind. Versuchen Sie wieder, das jeweilige Repräsentationssystem zu identifizieren. Die Lösung finden Sie im Anschluss an die Übung.

Variante A: Ach, es war ein herrlicher Urlaub, den ganzen Tag über Sonnenschein und blaues Meer! Unser Hotel lag direkt am Strand, so hatten wir schon in der Früh den Blick aufs Meer! Wir blieben zwar tagsüber nicht auf dem hoteleigenen Strand, weil da so viele Leute waren, aber dieser Blick schon am Morgen auf den weißen Strand und das tiefblaue Meer, das war schon äußerst beeindruckend und eine wahre Augenweide! Wir fuhren jeden Tag mit einem kleinen Boot zu einem anderen, etwas abseits gelegenen Strand, wo weitaus weniger Sonnenanbeter den Strand belagerten. Man konnte dort herrlich entspannen und die Seele baumeln lassen! Der Sand war auch fast weiß und das Meer kristallklar. Auf dem Strand gab es Sonnenschirme aus Stroh und weiß-blau gestrichene Liegen, die man mieten konnte. Eine Bar, die zum Strand hin durch ein breit hervortretendes Strohdach für Schatten sorgte und nach hinten hin in eine Art Gastgarten mündete – aber eben nicht mit Linden- oder Kastanienbäumen, sondern mit Palmen –, bot nicht nur kühle Getränke, die allesamt irgendwie exotisch aussahen, sondern auch köstliche mediterrane Speisen, die nicht nur vorzüglich schmeckten, sondern auch einen wahren Augenschmaus darstellten. Während des Tages lagen wir in der Sonne, schauten aufs Meer hinaus, beobachteten den Wellengang und wie sich die Farbe des Wassers je nach Windstärke und Sonneneinstrahlung veränderte. So konnte sich die Farbe des Meeres von fast Hellblau bis hin zu beinahe Schwarz verfärben, ein unglaubliches Schauspiel! Immer wieder versuchte ich mir den Blick auf Meer und Strand einzuprägen, um ihn im Gedächtnis mit nach Hause zu nehmen und um ihn dann vor meinem geistigen Auge auftauchen zu lassen, wenn mir das Alltagsleben wieder einmal zu grau und farblos erscheint. Des Nachts streunten wir dann durch die engen Gassen von Mykonos. Man kann sich gar nicht vorstellen, wie viele Menschen bis in die frühen Morgenstunden, wenn die Sonne schon wieder aufgeht, dort unterwegs sind und ausgelassen feiern! Sogar die Geschäfte haben bis tief in die Nacht hinein geöffnet und man kann shoppen, was das Auge begehrt, wie ausgeflippte Klamotten, die mit Perlen und Glassteinen verziert sind und die, wenn die Sonne darauf scheint, irrsinnig zu funkeln beginnen und dich wahrlich erstrahlen lassen, aber auch Ziergegenstände aus Keramik, gehalten in den mediterranen Farben Weiß/Blau, oder aus Glas, die dann aber wieder so geschliffen worden sind, dass sie auch bei kleinem Aufwand bei Licht- oder Sonneneinfall zu funkeln und zu strahlen beginnen. Auf den dargebotenen Schmuck darf natürlich nicht vergessen werden. Das Schmuckangebot ist groß und in unterschiedlichsten Varianten, ob aus Gold oder Silber, ob aus Glas oder aus echten Steinen, aber meist wieder so verarbeitet, dass es ein Leuchten und Funkeln vermittelt, das einen irgendwie an Sonnenschein erinnert. Aber nicht nur das nächtliche Einkaufengehen ist ein Muss auf Mykonos, sondern natürlich auch das ausgelassene Feiern mitten auf den Straßen und in den Gassen! Überall herrscht reges Treiben! Die Urlauber stehen mit ihren Getränken mitten auf der Straße, wenn sie nicht von den ungeheuerlichen Menschenmassen mitgerissen werden. In und unmittelbar vor den diversen Bars sieht man Menschenknäuel, die sich schier nicht aufzulösen vermögen. Am schönsten aber waren die Sonnenaufgänge, wenn sich die Nacht hob und sich das Rot der Sonne allmählich in ein strahlendes Gelb verfärbte, ein eindrucksvolles Farbenspiel, das sich durch ein Lichtspiel im Meer widerspiegelte, ein Naturschauspiel, das so schön ist und sich in diesem Urlaub jeden Tag aufs Neue wieder gezeigt hatte! Ich freue mich schon auf nächstes Jahr und im Speziellen auf die Sonnenauf- und untergänge, die genauso beeindruckend waren, so dass ich, wenn ich nach einem langen Arbeitstag müde nach Hause komme, mich still in eine Ecke setze, die Augen schließe und dann vor meinem geistigen Auge die orange Scheibe der Sonne am Horizont im Meer versinken sehe, bis die Sterne am Himmel wieder ein anderes Leuchten und Funkeln erzeugen und ich mich für kurze Zeit – zumindest gedanklich – auf Mykonos wiederfinde! Es war ein unbeschreiblich schöner Urlaub!

Variante B: Ach, es war ein herrlicher Urlaub! Ich habe ihn genossen und ausgekostet bis zur letzten Minute! Den ganzen Tag über High Life, tagsüber auf dem Strand, des Nächtens in den Gassen von Mykonos, wo getanzt, geflirtet wurde bis zum Morgengrauen. Wir verbrachten die meiste Zeit nicht auf dem hoteleigenen Strand, sondern fuhren mit einem Boot zu einem anderen, eher abgelegenen Strand, wo nicht so viele Leute waren. Da konnte man herrlich entspannen und die Seele baumeln lassen. Ich liebte es, mir die heiße Sonne auf den Bauch und den blanken Busen scheinen zu lassen und mich im heißen, feinkörnigen, ja manchmal sich fast samtig anfühlenden Sand zu rekeln! Zwischendurch konnte man sich im Meer abkühlen. Es war herrlich, auf den Wellen zu reiten, sich ab und zu sogar mit aller Macht gegen die Naturgewalt zu stellen und zu versuchen, ihr zu trotzen, was nicht einfach ist. Da fühlt man erst die Grenzen, denen der Mensch gegenüber der Natur ausgesetzt ist. Wenn ich von der vergangenen, meist durchtanzten Nacht nicht zu müde war, schwamm ich hinaus zu einer kleinen, mitten im Meer gelegenen Insel, die einige hundert Meter entfernt war. Dort kletterte ich dann auf einen schmalen Felsvorsprung, legte mich auf den heißen Stein und genoss es, wie der Wind mich trocknete und die Sonne mich wärmte! Ein unglaublich schönes Gefühl der Freiheit, der Losgelassenheit von allem Alltagsstress und jeglichem Druck! In der Bar, die sich auf dem Strand befand, gab es köstlich schmeckende Speisen, die durch ihren Duft zu Mittag deinen Magen zu rebellieren beginnen ließen, ob du wolltest oder nicht. Die Drinks, die Spezialitäten der Strandbar, die zwischendurch für innere Abkühlung sorgen sollten, konnten dich schon in innere Aufwallung versetzen, wenn du beim Konsum nicht aufgepasst und zu viel des Guten davon zu dir genommen hattest. Das Teuflische daran war, dass man die Wirkung nicht gleich verspürte, sondern erst später, wenn es für den einen oder anderen schon zu spät war. Über so manche Alkoholleiche konnte man bei einem Strandspaziergang schon stolpern. Des Nachts wurde dann nicht unbedingt weniger gefeiert! Da pulsierte dann die Stadt. Man wurde förmlich von den vielen Menschen durch die Stadt geschoben oder hat mitten auf der Straße oder in den vielen Bars mitgetanzt und mitgefeiert bis zum frühen Morgen. Da herrschte eine Stimmung! Unglaublich! Du wurdest einfach von der allgemeinen Ausgelassenheit, Losgelöstheit mitgerissen. Das war wirklich ein herrliches Sommer- und Urlaubsfeeling, so frei, froh, unabhängig, ohne Stress und ohne Zwang, keine Hektik und keine Verpflichtungen, einfach nur loslassen und einmal nur du selbst sein. Ich freue mich schon auf nächstes Jahr!

Variante C: Das war ein herrlicher Urlaub! Einerseits ruhig und entspannend, andererseits laut und rhythmisch, ja rhythmisch, denn man ist von früh bis spät von Musik begleitet worden, auf dem Strand wurden die Hitlisten den ganzen Tag über hinauf und hinunter gespielt und des Nächtens gesellten sich verstärkt griechische Klänge dazu. Untertags waren wir meist auf einem abgelegenen Strand, weil auf dem hoteleigenen irrsinnig viel los war und es dementsprechend laut und lärmend zuging. Aber auf dem Strand, zu dem wir mit einem Boot hinfuhren, war es um vieles ruhiger, obwohl – wie schon gesagt – in der Strandbar ununterbrochen Musik gespielt wurde. Das störte aber nicht so sehr, wir schlugen einfach ein bisschen weiter abseits unsere Zelte auf und ließen uns auf diese Art und Weise lediglich von der Musik berieseln, waren dabei aber immer in einem gewissen Taktgefühl. Ich erwischte mich öfter dabei, dass ich die

Hits, die ich immer wieder gehört hatte, einfach leise mitsang, und wusste dann auch oft schon, welches Lied als Nächstes gespielt werden würde. Jetzt noch, bereits zurück in der Heimat, erwische ich mich des Öfteren dabei, wie ich so manchen Ohrwurm aus dem Sommerurlaub zu singen oder zumindest zu summen beginne. Am meisten stimme ich den „Griechischen Wein" an, der Song hat es mir besonders angetan, oder das legendäre „Mambo number 5" oder „Sex-bomb, sex-bomb". Tja, was man so alles aus dem Sommerurlaub mitnimmt in den manchmal unharmonischen Alltag! Wenn wir schon sehr früh auf unseren Strand kamen und die Bar noch nicht geöffnet hatte, konnte ich total gut entspannen, indem ich mich einfach auf den Strand legte, die Augen schloss und nur dem Rauschen des Meeres zuhörte. Wenn der Wind stärker ging, dann rollten die Wellen mit einem Getöse heran, das manchmal fast ohrenbetäubend werden konnte. Wenn der Wind nicht so heftig war, dann hörte man nur ein leises Plätschern, so als ob dir das Meer einen Monolog halten wollte, und wenn du nicht ganz Ohr warst, dann animierte es dich mit einem Rauschen wieder zum Zuhören. Des Nachts ging dann das pure Leben in der Stadt selbst weiter! Die Menschen drängten sich in den engen Gassen und von überallher hörte man auch wieder Musik, tja, es war ein Rhythmus in der Luft, der pulsierte und dich einfach zum Mittanzen und Mitfeiern animierte. In den Bars war es höllisch laut, aber das störte nicht. Man musste eben schreien, wenn man sich verständigen wollte, an Unterhaltung war bei diesem Lärm so und so nicht zu denken. Je später es wurde, desto lauter wurde die Musik, desto lauter kreischten die Leute, die ausgelassen mitsangen und mitklatschten! Bis in den frühen Morgen wurde gejohlt und geschrien. Ich wunderte mich eigentlich nie, dass die Menschen während des Tages, zumindest am Vormittag, kaum redeten, waren sie vermutlich noch von der Nacht her heiser oder überhaupt stimmlos. Gerade aber dieser Gegensatz, diese pulsierende Menge, dieser Rhythmus und dieser Lärm des Nachts und dann diese Stille, diese Ruhe, zumindest am Morgen bis in den späten Vormittag hinein, bis die Musik wieder aufgedreht wurde und die Menschen wieder aufzuwachen schienen, indem sie wieder einen Grundpegel an Lärm entwickelten, machte diesen Urlaub für mich zu einem unvergesslichen Ereignis!

Lösung

Wichtig ist, dass Sie erkennen, dass diese drei Erzähler nicht nur unterschiedliches Vokabular verwendeten, sondern dass ihnen auch unterschied-

liche Dinge wichtig waren, dass sie unterschiedliche Eindrücke beschrieben haben.
Der Erzähler A: **Sehbares**
Der Erzähler B: **Fühlbares**
Der Erzähler C: **Hörbares**

Übung 3 b

Nachdem Ihnen Ihr Gesprächspartner nun den Urlaub oder welches Ereignis auch immer geschildert hat und Sie sein Repräsentationssystem kennen, beginnen Sie mit Fragen, die jeweils nur einem bestimmten Repräsentationssystem zuzuordnen sind. Nehmen Sie sich zuerst den visuellen, dann den auditiven und schließlich den von Gefühlen oder Aktivitäten beherrschten Bereich vor:

Visuell: Wie hat deine Hotelanlage ausgesehen?
Was hast du gesehen, wenn du beim Hotelfenster hinausgeschaut hast?
Wie war der Strand, sauber oder schmutzig, sandig oder felsig ...?
Welches innere Bild zeigt sich dir, wenn du dich an deinen Urlaub zurückerinnerst?

Auditiv: War es in der Hotelanlage laut oder leise?
Ist dir ein bestimmter Song, den du im Urlaub gehört hast, in Erinnerung geblieben oder hast du einen hier auch wieder gehört?
Wie hast du das Meeresrauschen am Morgen empfunden, als störend, als laut oder leise oder als beruhigend?
War das ein stimmiger Urlaub für dich?

Kinästhetisch: Was hast du gefühlt, wenn du durch die Straßen der Stadt geschlendert bist?
Wie war der Strand, war er sehr heiß, war er fein- oder grobkörnig?
Wie war das Meer, war es warm oder kalt?
Was hast du den ganzen Tag über auf dem Strand gemacht?

Wenn Sie die Übung ausprobieren, werden Sie verblüfft sein, wie verlässlich sie funktioniert. Zugleich werden Sie – gerade durch den angefügten Frageteil – erkennen, dass es unbedingt nötig ist, das Repräsentationssystem des Gesprächspartners zuerst zu identifizieren, um ihm dann ein Gefühl des Verstandenwerdens vermitteln zu können.
Diese Erkenntnis kann Ihnen in allen möglichen Situationen sowohl im privaten wie auch im beruflichen Bereich hilfreich sein. Sie kommt selbstverständlich sehr stark bei Verkaufsgesprächen, Vorstellungsgesprächen, Verhandlungsgesprächen und Präsentationen zum Tragen.

Checkliste Repräsentationssysteme

Ein visuell orientierter Mensch schätzt **visuelle Informationen**:

- ➔ Visualisieren Sie daher durch den Einsatz von Bildern, Tabellen, Fotos, Diagrammen.
- ➔ Nutzen Sie Tafeln, Videobeamer, Pinwände, Flipcharts, Overheadgeräte.
- ➔ Präsentieren Sie kreativ, indem Sie Inhalte an der Tafel, auf dem Flipchart aufschreiben und Folien vor den Augen Ihrer Zuhörer, die Sie gleichsam zu Zu*sehern* machen, im Zuge Ihres Vortrages fertig stellen.
- ➔ Setzen Sie Kurzfilme ein.
- ➔ Schauen Sie ab und zu auch einmal nach oben, wenn Sie einen Denkprozess vermitteln wollen. Dadurch regen Sie auch den anderen an, Bilder zu sehen.
- ➔ Achten Sie bewusst auf die richtige Verpackung Ihrer Inhalte. Nicht das, was Sie Ihren Zusehern sagen, ist alleine ausschlaggebend, sondern wie Sie es gekonnt verstehen, den Sinn „Auge“ beim Publikum anzusprechen.
- ➔ Achten Sie daher auch auf ein perfektes Outfit, auf ein gekonntes Auftreten.
- ➔ Verwenden Sie möglichst eine visuelle Sprache, Vokabeln, die bewusst das Auge ansprechen, wie Sie sie aus der vorangegangenen Tabelle beispielhaft entnehmen können.
- ➔ Machen Sie sich aber auch „stilistische Elemente“ zu Nutze, die ihrerseits im menschlichen Gehirn automatisch Bilder erzeugen.

Politiker sind „auf diesen Zug“ schon „aufgesprungen“ und flechten in ihre Statements immer wieder bildhafte Elemente ein, um ihr Publikum auch auf dieser Sinnebene abzuholen, es auch über diesen Sinneskanal anzusprechen, auch wenn ihnen zum Beispiel im Moment keine anderen Visualisierungsmöglichkeiten zur Verfügung stehen. Es gibt verschiedenste Stilmittel, um Inhalte bildhaft darstellen zu können!

Lernen Sie nun in der Folge die effizientesten davon kennen!

Stilelemente, die innere Bilder erzeugen

Metapher:
Wortkombination, die einen Widerspruch beinhaltet. Wird der Widerspruch als krass empfunden, spricht man von einer **kühnen** Metapher, zum Beispiel: schwarze Milch, wird der Widerspruch nur noch schwach empfunden, dann spricht man von einer **verblassten** Metapher. Zum Beispiel: Ohrring! Auch wenn Ihnen der Widerspruch bei diesem Wort nicht sofort bewusst wird, weil der Begriff schon in unser Vokabular übergegangen ist, so ist er doch vorhanden, denn ein Ohr hat nichts mit einem Ring zu tun und ein Ring nichts unmittelbar mit einem Ohr.
Beispiele für verblasste Metaphern: Sonnenbrille, Redefluss, Schuhlöffel, Eisenbahn, Kopftuch, Lampenfieber, Augapfel, Bücherwurm, Ohrfeige, Glühbirne, Schraubenmutter, Lidschatten, Pinselstrich, Liebesakt, Gänsehaut, das Haupt der Familie, der Zahn der Zeit, der Himmel hängt voller Geigen, der König der Tiere, eine schöne Leich, schwere Wolken, scharfe Braut, schwarzes Gold, scharfe Kurven, blaues Blut, lila Kuh (durch die Werbung durch den oftmaligen Einsatz bereits zur verblassten Metapher gemacht).
Beispiele für kühne Metaphern: helle Nacht, roter Schnee, runde Ecke ...
Bei dem Kreieren kühner Metaphern sind Ihnen keine Grenzen gesetzt. Wie Sie aus dem Beispiel der „lila Kuh“ erkennen konnten, können diese bald auch zu verblassten Metaphern werden, je nachdem, wie schnell sie in den alltäglichen Gebrauch involviert werden.

Oxymoron:
Bewusstes Arbeiten mit Gegensätzen.
Beispiele: die armen Reichen, die jungen Alten, das beredte Schweigen, das leise Schreien.

Synästhesie:
Durch die Kombination werden mindestens zwei unterschiedliche Sinnbezirke beim Zuhörer angesprochen.
Beispiele: Süßer die **Glocken** nie **klingen**(Geschmackssinn und Gehörsinn). **Liebliche Blumen duften** am Wegesrand (Sehsinn und Geruchssinn). **Kleinvieh** macht auch **stinkenden Mist** (Sehsinn und Geruchssinn). Das **himbeerrote Bonbon schmeckt** sehr **süß** (Sehsinn und Geschmackssinn). Bittere Tränen, stinkender Müllberg, beißender Rauch, heiße Sonne, kalte Nacht, duftender Blumenstrauß, weicher Sandstrand.

Personifikation:
Ein Gegenstand, ein abstrakter Begriff werden personalisiert, meist durch die Kombination mit einem Verb oder Adjektiv, das nur zu einem Menschen passt oder von diesem durchgeführt werden kann.
Beispiele: Der Tag neigt sich dem Ende zu, die Nase läuft, das schlechte Gewissen belastet, der fliegende Teppich, reißender Strom, vertrauter Duft, gähnende Leere, der Pfeil traf ihn mitten ins Herz, das Geld zerrinnt, hungernde Mägen, störrischer Esel, ein ruhiger Ort, ein aufregendes Spiel, der Tag wird kommen, an dem ...

Metonymie:
Ein Synonym für einen anderen Begriff, allerdings mit zusammenraffender Wirkung.
Beispiele: das 21. Jahrhundert (steht für Menschen, politische, wirtschaftliche, zeitaktuelle Ereignisse, technische Errungenschaften ...), das Mittelalter, die öffentlichen Verkehrsmittel, die Medien, der Urlaub, die Kleidung, die Finanzlage.

Pars pro toto:
Ein Teil steht für das Ganze. Es wird nur ein Teil eines Ganzen genannt und doch ist damit das Ganze gemeint.
Beispiele: Wie viele hungrige Mägen hast du zu Hause zu füllen? (Magen als Teil des menschlichen Körpers und daher Teil des Menschen) Wie viele Gipfel hast du schon erstürmt? (Gipfel als Teil des Berges) Wie viele Hände habe ich wohl heute geschüttelt? Ich habe ein Dach über dem Kopf! Wie viele Lenze bist du alt? (Lenz ist ein poetischer Ausdruck für Frühling und daher ein Teil des Jahres) Wie viele Herzen hast du schon gebrochen? Wie viele Rücken haben Sie gestärkt? Zwei einsame Herzen zum Verlieben.

Bildbruch (Katachrese):
a) Zwei bekannte Sprichwörter werden kombiniert, es wird aber dabei jeweils ein Teil von beiden weggelassen und dadurch ein neues Sprichwort kreiert.
Beispiel: Das setzt dem Fass die Krone auf (kreiert aus: „Das schlägt dem Fass den Boden aus" und „Einer Sache die Krone aufsetzen").
b) Ein bekanntes Sprichwort wird durch Weglassen eines Teiles davon und durch Kombination mit einem neuen Teil verfremdet und dadurch zu einem neuen Ausspruch umgeformt.
Beispiel: Wenn der Berg nicht zum Propheten kommt, dann gehe ich eben woanders hin! Knusper, Knusper Häuschen, wer knuspert an diesem neuen Elk-Haus? Was Hänschen nicht lernt, kann ich schon lange! Der Krug geht so lange zum Brunnen, bis ich genug habe! Viele Köche verderben die Figur. Wie du mir, so ich dir noch lange nicht. Morgenstund ist wie ein Klotz am Bein. Und wenn sie nicht gestorben sind, dann werden sie es später tun! Wer nicht hören will, der soll sich am besten die Ohren zuhalten! Wer zu spät kommt, den bestraft die wartende Ehefrau!
Weil ein Teil des Ausspruches bekannt ist, wird die Aufmerksamkeit gesteigert und durch die Kombination mit dem unbekannten zweiten Teil besser gemerkt.

Vergleich:
Zwei unterschiedliche Dinge werden zueinander in Verbindung gesetzt, miteinander verglichen. Meist erfolgt dadurch eine Übertreibung.
Beispiele: Frauen sind wie Rosen, sie duften verführerisch, greift man sie an, dann stechen sie aber. Er hat einen Mund wie ein Scheunentor. Er isst wie ein Drescher. Sie hat eine Haut wie ein Pfirsich. Sie hat Augen wie zwei Sterne. Er ist stark wie eine Eiche. Wie gewonnen, so zerronnen.

Verkürzter Vergleich:
Die Vergleichspartikelchen „wie" oder „als" werden weggelassen und dadurch wird der Vergleich verfremdet, wird schwerer als Vergleich erkennbar. Gerade aber dadurch denkt man mehr darüber nach, weil die Struktur schon irgendwie als bekannt auffällt.
Beispiele für verkürzte Vergleiche: Des einen Leid, des anderen Freud. Die Zeit vergeht dem einen wie im Flug, dem anderen in Zeitlupe. Die Kindheit war für mich ein Traum, für meinen Bruder ein Alptraum.

Übertreibung:
Ein Sachverhalt wird über das akzeptable Maß hinaus übertrieben.
Beispiele: Er ist so groß wie ein Riese. Er ist ein Genie. Sie isst so viel, als ob sie drei Wochen nichts zu essen bekommen hätte.

Untertreibung:
Ein Sachverhalt wird abgeschwächt.
Beispiele: Er ist nicht ohne Fleiß. Der Kommentar war gar nicht so schlecht. Sie ist nicht unhübsch. Sie ist nicht die Klügste.

Klimax:
Es wird eine Reihung von Begriffen vorgenommen, wobei die Aussagekraft der Worte steigt.
Beispiele: Ich lächelte, lachte, weinte vor Lachen. Er kam, sah und siegte! Berufseinstieg – Berufsaufstieg – Top-Position. Verliebt, verlobt, verheiratet. Großartig, fantastisch, überwältigend! Gut, besser, am besten. Flüstern, reden, schreien!

Antiklimax:
Es wird eine Reihung von Begriffen vorgenommen, wobei die Aussagekraft der Begriffe fällt.
Beispiele: Kaiser, König, Edelmann, Bürger, Bauer, Bettelmann! Liebe, Freundschaft, Bekanntschaft! Wolkenkratzer, Hochhaus, Einfamilienhaus, Schrebergartenhäuschen! Warm, lauwarm, kalt.

Zeugma:
Es werden zwei unterschiedliche Begriffe mit einem Wort, meist einem Verb, kombiniert, wobei die jeweiligen Begriffe wohl zu dem Verb/Wort passen, aber einen anderen Sinn ergeben. Das Wort/Verb wird nur einmal genannt.
Beispiele: Ich heiße Harry Raithofer und Sie herzlich willkommen! Er läuft gegen die Wand und rot an. Sie spielt mit den Kindern und verrückt. Ich schaue aus dem Fenster und dich an.

Pleonasmus:
Ein Adjektiv ist an sich im folgenden Hauptwort automatisch inkludiert, wird aber trotzdem gesagt.
Beispiele: das junge Mädchen, der alte Greis, der weiße Schimmel, das kleine Baby.

Antithese
Verbindung von entgegengesetzten Begriffen.
Beispiele: Gut und Böse, Alt und Jung, Dick und Dünn, Heute rot, morgen tot!

Amplifikation (Abwandlung)
Sie bringt Aussagen bezüglich eines Begriffes von unterschiedlichen Gesichtspunkten aus betrachtet.
Beispiele: Journalist zu sein, bedeutet Epiker zu sein, ein Referent von Geschehnissen, ein Analytiker von Gefühlen zu sein.

Akkumulation
Aneinanderreihung mehrerer Unterbegriffe anstelle oder vor Nennung des entsprechenden Oberbegriffs.
Beispiele: Sie ist Ärztin, Hausfrau, Mutter, Ehefrau ... meine Freundin Sonja.

Ein auditiv orientierter Mensch schätzt **gehörte Information**:

- Sprechen Sie laut, deutlich, betont, akzentuiert.
- Verwenden Sie möglichst viele auditive Begriffe.
- Erzählen Sie von den Eindrücken und Erfahrungen anderer. Ihr auditiver Gesprächspartner denkt in Worten und hört sich gerne an, was andere zu sagen haben.
- Erzählen Sie passende Anekdoten. Die sind ein wirksames Mittel, um Dinge, besonders für auditiv orientierte Menschen, verständlich zu machen.
- Achten Sie auf regelmäßigen Telefonkontakt.
- Denken Sie daran, dass ein auditiver Mensch alles hört, auch das, was Sie zwischen den Zeilen sagen.

Ein kinästhetisch orientierter Mensch schätzt Information, die er im wörtlichen Sinn **begreifen** kann:

- Präsentieren Sie besonders emotionsbetont. Wecken Sie Emotionen und herrliche Lebensgefühle. Schaffen Sie eine Verbindung zu sich selbst.

- Präsentieren und verhandeln Sie daher immer persönlich! Der kinästhetisch orientierte Mensch will von Angesicht zu Angesicht reden, um ein gutes Gefühl entwickeln zu können. Er ist **kein** Freund des Telefons oder des Schriftverkehrs.
- Kinästhetische Menschen mögen Körperkontakt. Ein Händeschütteln oder Schulterklopfen bedeuten ihnen viel.
- Schaffen Sie für den kinästhetisch orientierten Menschen die Möglichkeit, dass er zum Beispiel ein Produkt anfassen, ausprobieren kann.
- Geben Sie ihm die Möglichkeit, bei einem Vortrag mitschreiben zu können. Achten Sie auf die Bereitstellung von Schreibmaterial. Ein kinästhetisch orientierter Mensch will selbst tätig sein.
- Verwenden Sie möglichst viele kinästhetische Begriffe.
- Schauen Sie ab und zu nach unten rechts. Daraus wird Ihr Gegenüber schließen, dass Ihre Worte von Herzen kommen.

Wenn Sie vor Gruppen präsentieren, dann verwenden Sie stets eine Mischung aus visuellen, auditiven und kinästhetischen Ausdrücken, visualisieren Sie Ihre Inhalte, achten Sie auf eine betonte und verständliche Aussprache, geben Sie Muster durch, lassen Sie Ihr Publikum etwas tun, und sei es, dass es sich wenigstens Notizen machen kann.
Wenn Sie verhandeln, dann finden Sie heraus, welchem Typus Ihr Gesprächspartner zuzuordnen ist, und dann stellen Sie sich auf ihn ein.

Übung ✓

Es werden Ihnen in Folge Gespräche aufgezeigt, bei denen die beiden Gesprächspartner zuerst in unterschiedlichen Repräsentationssystemen kommunizieren, ein Umstand, der für das wechselseitige Verständnis nicht unbedingt förderlich ist. Schließlich gelingt es einem der Gesprächspartner, sich auf das Repräsentationssystem des anderen einzustellen.

Gespräch 1: Über einen geplanten Urlaub

Susanne (auditiv): Hast du schon die Urlaubskataloge durchgeblättert? Ich habe gehört, es soll heuer ganz tolle Asienangebote geben!
Peter (visuell): Ich habe kurz hineingeschaut, aber mir ist nichts wirklich Großartiges aufgefallen!

Susanne (auditiv): Aber das gibt es doch nicht! – Im Radio war letzte Woche auch eine tolle Reportage über Thailand, mit der Information, sich nähere Infos bei genau dem Reisebüro holen zu können, dessen Katalog jetzt vor dir liegt.
Peter (visuell): Mag schon sein, aber ich kann weit und breit kein wirklich tolles Angebot erkennen.
Susanne (auditiv): Lass dir doch ein bisschen mehr davon erzählen, zum Beispiel das Sunrise Ressort klingt doch super: „Lassen Sie sich von dem Rauschen der Brandung auf Ihrer Terrasse bezaubern! Kleine Bungalows mit allem nötigen Komfort und mit direktem Zugang zum Strand!" Das hört sich doch fantastisch an! Stell dir vor, wir zwei bei einem netten Diner mit romantischer Gamelanmusik, im Hintergrund das leise Gurgeln der Wellen. Aus den umliegenden Palmenwäldern hört man die Stimmen vieler Hunderter exotischer Vögel.
Peter (visuell): Ich kann nicht erkennen, warum ich gerade dorthin soll, ist ja bei allen das Gleiche zu lesen.
Susanne (visuell): Aber hast du die Fotos nicht gesehen? Die Bilder vom Frühstücksbüfett sind ja auch nicht zu verachten, all die vielen Früchte! Schau, Schatz, die bieten auch Tauch- und Schnorchelkurse an, da könnten wir doch einmal die Unterwasserwelt ins Auge fassen. Das wolltest du doch schon immer mal sehen, dort sollen die Tauchgründe besonders farbenprächtig sein.
Peter (visuell): Die Idee ist nicht schlecht, aber was soll ich 14 Tage dort machen, da wird mir doch fad, wir können ja nicht dauernd die Unterwasserwelt ergründen, und du weißt doch, dass mir das Sonnen und langweilige Herumliegen auf dem Strand nichts bringen.
Susanne (visuell): Ja, das weiß ich, und deshalb habe ich ja gerade diese Destination vorgeschlagen. Schau, da kannst du lesen, dass die Veranstalter auch Tagestouren zu den umliegenden Tempeln anbieten. Da gibt es sicher viel zu sehen! Wenn das keine Herausforderung an deine Fotografierkünste darstellt, dann weiß ich auch nicht! Dass ich im Bikini nicht die einzige deiner ästhetischen Ausbeute sein kann, ist mir schon klar!
Peter (visuell): Du hast schon wieder den vollen Überblick, anscheinend hast du schon entschieden, was bleibt mir dann anderes übrig, als ja zu sagen.

Susanne hat es verstanden, sich auf das Repräsentationssystem ihres Freundes im rechten Moment einzustellen und ihm das vermittelt, worauf es ihm ankommt!

Gespräch 2: Zwischen einem Vertreter und einem Händler

Vertreter (visuell): Grüß Gott, Herr Karl! Freut mich, dass Sie Interesse für unser neues Produkt zeigen! Darf ich Ihnen kurz die Vorteile unserer neuen Plastikfelgen visualisieren?
Händler (kinästhetisch): Ich bitte darum! Ich bin zwar enorm im Stress, aber der Verkauf unserer Stahl- und Aluminiumfelgen ist mittlerweile nicht mehr erquickend!
Vertreter (visuell): Na bitte, als ob ich Ihre Situation vorhergesehen hätte! Sehen Sie her, ich werden Ihnen einmal unsere Plastikfelgen vorführen! Sehen doch gut aus, nicht wahr?
Händler (kinästhetisch): Ich weiß nicht so recht? Plastik ist doch recht weich. Wie soll ich denn bei meinen Kunden bezüglich der Stabilität agieren? Wirkt doch irgendwie unsolide.
Vertreter (visuell): Aber, wie kommen Sie denn auf so eine Idee? Betrachten Sie doch die Plastikfelgen einmal aus der Perspektive: billig, wiederverwertbar, farblich frei gestaltbar, innovativ!
Händler (kinästhetisch): Ich glaube aber, dass man den Kunden eher etwas Greifbares anbieten muss, sie wollen fühlen, dass sie etwas Sinnvolles kaufen.
Vertreter (kinästhetisch): Ich habe das Gefühl, jetzt zu wissen, was Sie wollen! Hier, greifen Sie die Felgen an, fühlen sich toll an, nicht wahr? Da merken Sie, dass Sie etwas Solides zwischen den Fingern haben. Schlagen Sie dagegen, Sie und Ihre Kunden werden merken, dass diese Felgen ebenso stabil sind wie Stahl- und Alufelgen.
Händler (kinästhetisch): Gefällt mir schon besser! Ja, fühlen sich echt scharf an, glatt und leicht. Jetzt bin ich überzeugt davon, dass auch die Kunden auf dieser Basis auf das Produkt ansprechen. Man muss ihnen einfach die Möglichkeit geben, das Produkt zu berühren. Dann habe ich die Felgen so gut wie verkauft! Und Sie meinen, die Felgen sind wirklich so stabil, wie sie sich anfühlen?
Vertreter (kinästhetisch): Dafür lege ich die Hand ins Feuer! Im Handumdrehen werden Ihre Kunden an diesen Felgen Gefallen finden.
Händler (kinästhetisch): Gefällt mir immer besser. Folgen Sie mir bitte ins Büro, dann können wir uns über die Konditionen unterhalten.
Vertreter (kinästhetisch): Ach, da bin ich überzeugt davon, dass wir das auch in den Griff bekommen. Bitte sehr, nach Ihnen!

Auch in diesem Fall hat es der Vertreter verstanden, sich auf seinen Gesprächspartner einzustellen, und hat sein Produkt schließlich im Repräsentationssystem seines Gegenübers angeboten, sodass sein Verhandlungspartner ihn verstanden hat.
Beim folgenden Gespräch können Sie selbst herausfinden, in welchen Repräsentationssystemen die beiden Gesprächspartner miteinander kommunizieren und ab wann sich einer von den beiden auf den anderen einstellt!

Gespräch 3: Ein Ehepaar unterhält sich über eine neue Wohnmöglichkeit

Sie: Kannst du mir bitte einmal dein Ohr leihen?
Er: O je, wenn du schon so anfängst, was ist denn jetzt wieder los?
Sie: Jetzt sei nicht gleich in der Höhe und hör dir das einmal an, ich bin schon gespannt, was du sagst!
Er: Na gut! Was gibt es so Interessantes?
Sie: Ich habe mir gedacht, wir könnten noch in diesem Jahr übersiedeln, und zwar in ein eigenes Haus!
Er: Bist du wahnsinnig geworden, wie stellst du dir das vor? Wer soll das finanzieren? Ich sehe keine Chance, dass wir im Moment genug Geld aufbringen können für so eine Fantasterei!
Sie: Du mit deinem Pessimismus! Ich kann deine Begeisterungsschreie schon direkt hören, wenn du meine Ausführungen verstanden hast.
Er: Also bitte, wir werden ja sehen, was du dir da schon wieder einbildest!
Sie: Ich habe gehört, dass die Gemeinde ganz in der Nähe geförderte Reihenhäuser baut. Das Ganze wird über Genossenschaften abgewickelt, und somit ist nur eine lächerliche Anzahlung notwendig. Der Rest ist eine Art Miete mit späterer Kaufoption.
Er: Aber es ist doch offensichtlich, dass wir uns das nicht leisten können! Wir müssten unsere Wohnung verkaufen und dann fallen wir vielleicht auf einen Schwindel herein. Nein, da sehe ich keine Chance!
Sie: Ich werde es dir anders darlegen, damit du es einsehen kannst. Schau her: Ich habe schon die Unterlagen angefordert, aus denen du die Finanzierung ersehen kannst. Wir brauchen lediglich ein Startkapital von 20.000 Euro. Die haben wir auf unserem Konto und wir brauchen somit unsere Wohnung nicht zu verkaufen. Wir könnten sie vermieten und dadurch würde sich die Miete für das Haus augenscheinlich selbst finanzieren. Wie du siehst, habe ich alles berücksichtigt!

Er: Das sind allerdings jetzt wirklich schillernde Visionen, die du mir da vor Augen führst!
Sie: Siehst du, ich wusste, dass du begeistert sein wirst!

Nun, haben Sie die unterschiedlichen Repräsentationssysteme erkannt, die sich im Laufe des Gespräches herauskristallisiert haben?

Lösung

Sie: vorerst auditiv, dann visuell
Er: visuell

Diese Beispiele sollten Ihnen noch einmal deutlich beweisen, dass es für das Gelingen eines Gespräches, für das Durchsetzen eines Standpunktes von Vorteil ist, sich auf das Repräsentationssystem des Kontrahenten einzustellen.

Die Tiefenstruktur der Sprache

Wenn wir einen Sachverhalt sprachlich darstellen, so geben wir die **objektive Realität** nicht objektiv wieder, sondern gewissermaßen bereits durch unsere **„subjektive" Betrachtungsweise** verändert. In unserer Sprache spiegeln sich gedankliche Verengungsformen wider:

Tilgungen

Wenn Sie Ihre Aufmerksamkeit auf etwas Bestimmtes konzentrieren, bedeutet das gleichzeitig, dass Sie andere Geschehnisse nicht mehr oder nur noch peripher wahrnehmen. Je konzentrierter Sie sind, desto enger wird zugleich Ihre Sichtweise, und wichtige Erfahrungswerte können dabei getilgt werden, Erfahrungswerte, die oft entscheidend für eine Problemlösung sind.
Solche Tilgungen drücken sich in bestimmten Erscheinungsformen aus und sie können durch entsprechende Fragetechniken aufgehoben werden.

Unspezifische Substantive
Fragetechnik: **Wer/was/welche** genau?
Beispiel: Das Produkt der Konkurrenten ist besser!

Aufbrechung: **Welches Produkt genau** ist besser? Das Produkt **von welchem Konkurrenten genau** ist besser?
Beispiel: Ich hätte gerne mehr Information über Ihre Marktstrategie.
Aufbrechung: **Welche Information genau** brauchen Sie noch?

Unspezifische Verben
Fragetechnik: **Wie** genau? Die tatsächliche Bedeutung/Erscheinungsform einer Tätigkeit, eines Zustandes, eines Vorganges wird hinterfragt.
Beispiel: Er verletzte sie.
Aufbrechung: **Wie genau verletzte** er sie?
Beispiel: Er zwingt mich das zu tun!
Aufbrechung: **Wie genau zwingt** er dich?

Vergleiche
Fragetechnik: **Verglichen** womit? In Sätzen, in denen mit Bewertungen, mit Komparativen, Superlativen gearbeitet wird, bietet sich diese Taktik an.
Beispiel: Sie nahm sich das Beste!
Aufbrechung: Das Beste **verglichen womit**?
Beispiel: Ich habe mich schlecht vorbereitet!
Aufbrechung: Du hast dich schlecht vorbereitet **verglichen womit**, mit welch anderer Situation?

Bewertungen
Fragetechniken: **Wer sagt** das?/**Wer** macht diese **Bewertung**? Diese Sätze werden sehr oft eingeleitet mit Adverbien wie: offensichtlich, augenscheinlich, bedauerlicherweise, glücklicherweise ...
Beispiel: Offensichtlich betrügt er dich!
Aufbrechung: Offensichtlich **für wen?**
Beispiel: Bedauerlicherweise verließ er uns schon früh!
Aufbrechung: Bedauerlicherweise **für wen? Wer machte diese Bewertung?**

Nominalisierung
Fragetechnik: **Wie** wird das **getan**? Nominalisierungen sind abstrakte Hauptwörter, die – im Gegensatz zu gegenständlichen Hauptwörtern – aus Tätigkeitswörtern gebildet wurden. Zum Beispiel: Hass, Liebe, Hoffnung.

Wenn ursprüngliche Tätigkeiten in abstrakte Hauptwörter umgewandelt werden und Sie dann nur noch in diesen abstrakten Hauptwörtern denken, dann kann es leicht geschehen, dass Sie sich handlungsunfähig vorkommen. Um Handlungsfähigkeit wieder zu erreichen, müssen Sie das abstrakte Hauptwort in ein Tätigkeitsverb zurückverwandeln.
Beispiel: Meine Wut ist groß!
Aufbrechung: Auf wen oder was **sind Sie wütend**?
Beispiel: Die Ablehnung meiner Frau tut mir weh!
Aufbrechung: **Wie lehnt** dich deine Frau ab? Wie verdeutlicht sie das?

Generalisierungen

Alle Begriffe, die Einzelbegriffe zu einem Oberbegriff zusammenfassen, seien es Gegenstände, Personen, Tätigkeiten, Zustände, stellen Generalisierungen dar. Sie dienen dazu, beim Denken als auch beim Sprechen Ordnung herzustellen. Wenn wir in bestimmten Situationen immer wieder die gleichen Erfahrungen machen, verallgemeinern wir irgendwann diese Erfahrungen. Viele alltägliche Handlungen beruhen auf Generalisierungen. Das macht das Leben einfacher für uns, weil wir nicht jedes Mal von neuem überlegen müssen, wie wir ein Ziel erreichen, eine Lösung finden können. Generalisierungen ordnen also unser Leben.
Allerdings kann der Prozess der Generalisierung auch Probleme schaffen und unseren Handlungsspielraum einengen. Dann nämlich, wenn wir aufgrund einer negativen Erfahrung verallgemeinernd auf eine bestimmte Situation ängstlich reagieren und ein Vermeidungsverhalten entwickeln. In der Medizin sind etwa Phobien Beispiele für Generalisierungen. Sprachlich drücken sie sich in Oberbegriffen aus. Ein Verhalten, eine Beziehung wird in der Weise verallgemeinert, dass es als Charakterisierung für alle ähnlichen Fälle angenommen wird. Allgemeine Urteile müssen jedoch stets hinterfragt werden, denn ob der Zustand/die Gegebenheit auch tatsächlich zutrifft, kann nicht als gesichert gelten. Zudem setzen wir sehr oft die Verallgemeinerungen zu unserem privaten Bereich in Beziehung und schließen von uns auf andere.

Redewendungen, die eine Verallgemeinerung ausdrücken:
Es ist falsch/richtig/krankhaft/gut/verrückt ...!

Beispiel: Es ist schlecht, seinen Vorgesetzten zu kritisieren!
Aufbrechung: **Ist das immer so? Ist das immer schlecht?**
Beispiel: Es ist krankhaft, sich verfolgt zu fühlen!
Aufbrechung: **Ist das immer so? Ist das immer krankhaft?**

Bei Generalisierungen lassen sich folgende Erscheinungsformen unterscheiden:

Universelle Quantifizierung
Fragetechnik: **Wer/was/wie** genau? Hat es noch nie jemanden/etwas ... gegeben?
Universelle Quantifizierungen lassen keine Ausnahmen zu. Sie schaffen leicht sich selbst erfüllende Prophezeiungen und sind nicht ungefährlich, besonders in der Negationssuggestion.
Beispiel: Keiner liebt mich!
Aufbrechung: **Wer genau** liebt dich nicht? Hat es noch nie jemanden gegeben, der dich geliebt hat?
Beispiel: Alle sind gegen mich!
Aufbrechung: Wer genau ist gegen dich? Hat dich im Leben noch nie jemand unterstützt?

Modaloperator der Möglichkeit
Fragetechnik: **Was hält Sie davon ab**? Was würde passieren, **wenn Sie das täten**?
Verhaltensregeln, von denen wir annehmen, dass wie sie nicht überschreiten bzw. durchbrechen dürfen oder können, schaffen Grenzen. Worte wie „kann nicht“, „darf nicht“, „nicht möglich“, „unmöglich“, „unfähig“, „außerstande sein“ ... setzen solche Grenzen. Sie schränken unseren Handlungsspielraum enorm ein. Gleichzeitig teilen wir den Grund für die Einschränkung in unserer Rede nicht mit. Daher gilt es diese Grenzziehung zu hinterfragen.
Beispiel: Ich kann mich nicht entspannen!
Aufbrechung: **Was** hält Sie davon ab? Was würde passieren, wenn Sie sich entspannen würden?
Beispiel: Ich bin unfähig, das zu begreifen!
Aufbrechung: **Was** hält dich davon ab? Was würde passieren, wenn du das begreifen würdest?

Indem der Betreffende auf die positive Möglichkeit hingewiesen wird, wird ihm die Generalisierung meist auch bewusst und er beginnt sie zu hinterfragen.

Modaloperator der Notwendigkeit
Fragetechnik: Was würde passieren, **wenn Sie das nicht täten**? Verhaltensregeln, die uns als unumstößlich erscheinen, schränken die Handlungsmöglichkeiten ein! Worte wie „müssen", „sollen", „ist notwendig/unerlässlich" ... setzen Grenzen!
Beispiel: Ich muss das jetzt unbedingt erledigen!
Aufbrechung: Was würde passieren, wenn du das jetzt nicht machen würdest?
Beispiel: Ich sollte jetzt gehen!
Aufbrechung: Was würde passieren, wenn du jetzt nicht gehen würdest?

Sie sehen also, bei den Modaloperatoren hinterfragen Sie immer das Gegenteil von dem, was der andere als zwingend proklamiert hat. Dadurch erweitern Sie die Sichtweise des anderen, selbst gesetzte Grenzen werden aufgebrochen und neue Möglichkeiten tun sich auf.

Verzerrungen

In unserer Wahrnehmung gestalten wir normalerweise die Realität nach unseren Bedürfnissen, nach unseren Fantasien um. Wir verzerren dabei die Realität. Künstlerisches Schaffen wäre ohne diese Fähigkeit nicht möglich. Allerdings stellt man auch oft Beziehungen zwischen Umständen/Vorgehensweisen/Gefühlen her, die real gar nicht bestehen, und nimmt sich so die Möglichkeit der richtigen Einschätzung einer Situation.
Verzerrungen drücken sich in folgenden vier Erscheinungsformen aus:

Komplexe Äquivalenz
Fragetechnik: **Inwiefern bedeutet** das eine das andere? Unterschiedliche Sachverhalte werden einfach gleichgesetzt.
Beispiel: Da du mich nicht anschaust, hörst du mir auch nicht zu!
Aufbrechung: Wieso bedeutet das Nichtanschauen gleichzeitig ein Nichtzuhören?
Beispiel: Dein Verhalten reizt mich bis zur Verzweiflung!
Aufbrechung: Inwiefern bewirkt mein Verhalten dein Verzweifeltsein? Du wärst nicht verzweifelt, wenn mein Verhalten das nicht bewirken würde?

Voraannahme

Fragetechnik: **Was veranlasst** Sie zu glauben, dass .../**Was bringt** Sie zu der **Annahme**, dass ...?

Einstellungen bzw. Erwartungen werden aus der persönlichen Erfahrung verdeutlicht und durch Hinterfragung aufgebrochen. Diese Formulierungen werden oft mit den Bindewörtern „weil", „dass", „wenn", „falls" ... konstruiert bzw. als Warum-Fragen getarnt oder sie stehen nach Verben wie „erkennen", „sich bewusst sein", „ignorieren" ...

Beispiel: Warum bist du nicht fleißig?

Aufbrechung: Was bringt dich zu der Annahme, dass ich nicht fleißig sei?

Beispiel: Ich bin entsetzt, weil du mich schon wieder anlügst!

Oder: Wieso lügst du mich schon wieder an?

Oder: Ich bin mir bewusst, dass du mich schon wieder anlügst!

Aufbrechung: Was veranlasst dich zu glauben, dass ich dich anlüge?

Beispiel: Wenn du mich liebtest, würdest du mich nicht so viel alleine lassen!

Aufbrechung: Was bringt dich zu der Annahme, dass ich dich nicht liebe, nur weil ich meinen Geschäften nachgehen muss?

Ursache und Wirkung

Fragetechnik: **Wie genau bewirkt** das eine das andere?/**Was müsste passieren**, dass dies **nicht** durch das andere **verursacht** würde?

Aussagen über Ursache und Wirkung zeigen an, dass Menschen der Meinung sind, dass ein anderer in einem selbst ein ganz bestimmtes Gefühl oder einen ganz bestimmten Zustand bewirke. Dadurch wird aber die Verantwortung für das eigene Erleben dem anderen zugeschoben und man nimmt sich selbst die Möglichkeit, dieses Eigenerleben zu verändern. Denken Sie in diesem Zusammenhang etwa an einen Menschen, der, immer wenn Sie ihn sehen, in Ihnen ein unangenehmes Gefühl auslöst, jemand zum Beispiel, der ein privater Konkurrent ist oder mit dem Sie einmal ein negatives Erlebnis hatten.

Oder denken Sie an einen Menschen, den Sie lieben. Sofort fühlen Sie ein positives Gefühl in sich hochkommen. Sobald diese Liebe erloschen ist, löst derselbe Mensch in Ihnen ein solches Gefühl nicht mehr aus.

An eine bestimmte Ursache bindet man also oft eine bestimmte Wirkung, ohne dass diese zwingend eintreten muss.

Beispiel: Mein Chef macht mich nervös!
Aufbrechung: Sie würden also nicht nervös sein, wenn Ihr Chef das nicht bewirken würde?
Beispiel: Ich möchte nicht wütend werden, aber er/sie treibt mich immer wieder dazu.
Aufbrechung: Wie genau treibt er/sie dich dazu, dass du wütend wirst? Was müsste passieren, dass er/sie dich nicht dazu bringt, dass du wütend wirst?

Übung ✓

Wenn Ihnen ein Mensch begegnet, der bei Ihnen ein negatives Gefühl auslöst, stellen Sie sich folgende Frage: Was müsste passieren, damit ich, wenn ich diesem Menschen begegne, kein negatives Gefühl in mir hochkommen fühle? Sehr schnell wird Ihnen dann bewusst werden, dass es einzig und alleine an Ihnen selbst liegt, wenn ein anderer so viel Macht über Sie hat, dass er Sie in eine negative Stimmung bringt. Lehnen Sie diese Macht innerlich ab, sagen Sie sich, dass der andere in Ihnen bestenfalls ein neutrales Gefühl auslösen kann. Vielleicht mit dem Satz „Ach, den/die gibt es auch noch! Na, vollkommen egal!“ Passen Sie bei Ihren Formulierungen auf, dass Sie für sich selbst keine Wendungen benutzen, die durch ein negativ besetztes Beiwort bestimmt sind.

Beispiele

„Er/Sie kann mich nicht negativ stimmen!“ Dabei hören Sie nämlich zuerst einmal „... negativ stimmen!“ Sie geben Ihrem Unterbewusstsein dadurch den Befehl des Negativ-gestimmt-Werdens, der erst wieder deaktiviert werden muss!
Er/Sie stört mich/reizt mich/schockt mich immer noch ...! Durch diese Botschaften geben Sie Ihrem Unterbewusstsein den Befehl, dass genau diese Zustände ausgelöst werden.
Verwenden Sie für sich stattdessen positiv bzw. neutral besetzte Formulierungen:
Er/Sie ist mir egal/gleichgültig ... oder: Ach, den/die gibt es auch noch, na, mir geht es auf alle Fälle gut!
Nicht: Diese Person hat keine Macht mehr über mich! Oder: Diese Person kann mich nicht mehr negativ beeinflussen!

Dieses „Ursache- und Wirkungsprinzip“ bezieht sich natürlich nicht nur auf Personen, sondern auch auf Ereignisse, Erfahrungen etc., die Sie schon einmal erlebt haben und die bei Ihnen nun wieder Negativzustände auslösen.

Gedankenlesen
Fragetechnik: **Woher wissen Sie**, dass ...
Wir neigen oft dazu, dass wir fehlende Informationen über andere durch Annahmen, falsche Schlüsse, Befürchtungen, Aggressionen auffüllen. Gerade aber dadurch kommt es zu Fehleinschätzungen und Trugschlüssen. Auch hier wiederum macht genaues Hinterfragen Prozesse, die zu Fehleinschätzungen geführt haben, bewusst und ermöglicht dadurch eine Korrektur. Die Fragen müssen dabei so konstruiert werden, dass sie die Erfahrungen zu Tage bringen, die den Sprechenden veranlasst haben, zu glauben, die Gefühle, die Gedanken, das Wollen des anderen zu kennen.
Beispiel: Er/Sie liebt mich nicht mehr!
Aufbrechung: Woher willst du wissen, dass er/sie dich nicht mehr liebt?
Beispiel: Sie sollten wissen, dass ich das nicht will!
Aufbrechung: Woher soll ich das wissen?

Übung ✔

Wie können Sie die Generalisierungen, Tilgungen und Verzerrungen in den folgenden Beispielen aufbrechen? Versuchen Sie selbst, Lösungen zu finden. Dann erst kontrollieren Sie durch die dargelegten Aufbrechungsvorschläge, ob Sie auf der richtigen Fährte sind.

Beispiel: Schicken Sie mir zuerst einmal die Unterlagen!
Aufbrechung: Sehr gerne, welche genau interessieren Sie?
Beispiel: Ich habe im Moment keine Zeit!
Aufbrechung: Das verstehe ich gut, bei Ihrer Auslastung! Um möglichst rasch zu einer Lösung zu kommen, schlagen Sie mir vor, wann wir die Angelegenheit besprechen können, bei mir würde es gut am ... um ... oder am ... um ... passen. Wie sieht es bei Ihnen aus? Welcher dieser Termine passt bei Ihnen, oder wollen Sie mir noch einen anderen vorschlagen?

Beispiel: Diese Information ist unzureichend!
Aufbrechung: Wie genau/inwiefern unzureichend? Was genau wollen Sie noch wissen?
Beispiel: Sie sind eindeutig zu teuer!
Aufbrechung: Zu teuer, im Vergleich wozu, zu wem? Woran/An wem orientieren Sie sich?
Beispiel: Bedauerlicherweise verfügen wir im Moment nicht über die erforderlichen Ressourcen.
Aufbrechung: Bedauerlicherweise für wen? Wer macht diese Bewertung? Wie lässt sich hier Abhilfe schaffen?
Beispiel: Das ist noch nicht der/die Richtige!
Aufbrechung: Woran erkennst du, dass er/sie für dich (nicht) richtig ist?
Beispiel: Ich kann das nicht tun!
Aufbrechung: Was/wer hält dich davon ab? Was würde passieren, wenn du das tätest?
Beispiel: Ich muss immer die Initiative ergreifen!
Aufbrechung: Was würde passieren, wenn du das nicht tätest?
Beispiel: Alle lachen immer über mich.
Aufbrechung: Alle? Wer genau lacht wann über dich? Hat es noch nie jemanden gegeben, der nicht über dich gelacht hat?
Beispiel: Da du mir nie sagst, dass du mich noch liebst, liebst du mich wahrscheinlich nicht mehr!
Aufbrechung: Warum bedeutet, dass ich dir nicht andauernd sage, dass ich dich liebe, dass ich dich nicht mehr liebe?
Beispiel: Wieso ist dir das so egal?
Aufbrechung: Was veranlasst dich zu glauben, dass mir das egal sei?
Beispiel: Ich bekomme immer Angst, wenn er mit mir zu schreien beginnt.
Aufbrechung: Inwiefern bedingt sein Schreien deinen Angstzustand? Hast du sonst keine Angst vor ihm? Hast du immer Angst, wenn jemand mit dir schreit? Wie geschieht es genau, dass sein Schreien deinen Angstzustand bewirkt?
Beispiel: Er/sie will mich immer absichtlich verletzen!
Aufbrechung: Woher weißt du, dass er/sie dich absichtlich verletzen will?

Checkliste: Tilgungen – Generalisierungen – Verzerrungen

Tilgungen:	Aufbrechung
Unspezifische Substantive:	Wer oder was genau ...?
Unspezifische Verben:	Wie genau passiert das ...?
Vergleich:	Verglichen womit ...?
Bewertung:	Wer sagt ...? Wer macht die Bewertung?
Nominalisierung:	Wie wird das getan?
Generalisierung:	Aufbrechung
Modaloperator der Möglichkeit:	Was hält Sie davon ab ...?
Modaloperator der Notwendigkeit:	Was würde passieren, wenn Sie/wenn Sie nicht?
Universelle Quantifizierung:	Immer? Nie? Jeder?
Verzerrungen:	Aufbrechung
Komplexe Äquivalenz:	Inwiefern bedeutet das eine das andere?
Vorannahme:	Was veranlasst Sie zu glauben, dass ...?
Ursache und Wirkung:	Wie genau bewirkt das eine das andere?
Gedankenlesen:	Woher wissen Sie ...?

Killerphrasen

Killerphrasen sind Phrasen, die dazu angelegt sind, Gespräche, Anliegen, Wünsche, etc. im Keim zu ersticken. Sie werden daher im Alltagsleben sehr oft praktiziert, um abzublocken. Es wird Ihnen selbst oft schon passiert sein, dass jemand Sie durch folgende Floskeln aus dem Konzept gebracht hat:
Das haben wir schon versucht, das funktioniert nicht.
Das haben wir immer so gemacht und sind damit gut gefahren, daher brauchen wir daran nichts zu verändern.
Das können Sie doch nicht beurteilen! Sie sind doch viel zu jung dafür.
Ihre Idee ist gut, aber in der Praxis nicht umsetzbar.
So simpel, wie Sie das darstellen, ist das nicht.
Warum sollten gerade Sie der/die Einzige sein, der/die die richtige Lösung kennt?

Killerphrasen können aufgrund der Sichtweise in sechs Kategorien unterteilt werden:

1. **Beharrungs-Killerphrasen:** Das haben wir schon immer so gemacht!
   Das ist in unserem Unternehmen undurchführbar.
   Wir sind zu solchen Veränderungen noch nicht bereit.
2. **Bedenkenträger-Killerphrasen:** Was werden denn die anderen sagen? Das sollten wir lieber lassen, wir wollen uns doch nicht bloßstellen. Das ist doch organisatorisch gar nicht machbar!
3. **Vertagungs-Killerphrasen:** Das sollten wir noch einmal überlegen, bevor wir uns entscheiden. Darüber reden wir ein anderes Mal! Dafür ist jetzt keine Zeit!
4. **Besserwisser-Killerphrasen:** So, wie Sie die Sache angehen, kann das nichts werden!
   Um das beurteilen zu können, fehlt Ihnen einfach die Erfahrung.
   Ganz objektiv betrachtet, ist Ihr Plan zum Scheitern verurteilt.
5. **Autoritäts-Killerphrasen:** Was hier gemacht wird, bestimme noch immer ich!
   Werden Sie erst einmal so alt wie ich, dann werden Sie das auch aus einem anderen Blickwinkel sehen.
   Das ist für unsere Firma nicht von Interesse.
6. **Angriffs-Killerphrasen**: Ach komm, du reagierst immer so emotional!
   Typisch Frau!
   Denken Sie einmal mit, auch wenn es schwer fällt!

In sämtlichen Killerphrasen stecken Tilgungen, Generalisierungen, Verzerrungen, die Sie durch die gelernten Fragetechniken aufbrechen können. Wie Sie sehen, ist es auch gar nicht so schwer, subjektiv modifizierte Wahrnehmungen und daraus subjektiv gebildete Standpunkte aufzubrechen. Erst durch diese Methode erfahren Sie von Ihrem Gesprächspartner die für ihn entscheidenden Dinge, all die Erfahrungen, Wertvorstellungen, Wünsche, etc., die er zwar nicht unmittelbar anspricht, aber in sich trägt und die für seine Standpunkte, für seine Lebenssicht, für seine Taten ausschlaggebend sind! Andererseits können Sie ihm dadurch auch helfen, seine eingeengte Sichtweise zu erweitern und ihm Zugang zu einer größeren Palette von Möglichkeiten verschaffen.

Regulatoren

Die Regulatoren sind der dritte Filter, den unsere Sinneswahrnehmung durchläuft, bevor sie als Information abgespeichert wird. Sie können als der zentralste Filter bezeichnet werden, weil sie die am wenigsten bewusste Ebene des Ausfilterns darstellen. Die Regulatoren werden über einen langen Zeitraum hin entwickelt, sind aber veränderbar und reagieren auf die momentanen Anforderungen. Sie müssen daher immer wieder hinterfragt werden, je nach Situation und je nach Kontext.
Wir unterscheiden insgesamt fünf Regulatoren. Um sie zu identifizieren, müssen wir zunächst nach dem Ziel fragen, das mittels der Regulatoren verfolgt wird:

1. Schritt: **Bestimmung des Ziels**
Was ist Ihr Ziel? Was erwarten Sie von ...?
2. Schritt: **Bestimmung des Werts**.
3. Schritt: **Bestimmung der fünf Regulatoren**.

Der Direction-*Regulator*

Auf etwas zu – oder – von etwas weg?
Menschen, die sich auf etwas zu bewegen, agieren, um ein bestimmtes Ziel zu erreichen.
Sie wollen zum Beispiel Erfolg, Geld, Spaß, Ansehen ... erreichen.
Menschen, die sich von etwas weg bewegen, agieren, um etwas zu vermeiden.
Sie wollen zum Beispiel Schmerz, Kummer, Konflikte, Kritik, Armut ... vermeiden.
Fragen: Was erwarten Sie konkret von Ihrem Ziel? Was an Ihrem Ziel ist Ihnen im Konkreten wichtig? Warum ist Ihnen der Wert des Zieles wichtig?

Der Risk-*Regulator*

Frühere Erfahrung und somit Sicherheit – oder – zukünftige Möglichkeit und somit Risiko?
Menschen, die auf frühere Erfahrung zählen, sind motiviert durch die Sicherheit des Altbewährten, des Dauerhaften, der Verlässlichkeit.

Menschen, die auf zukünftige Möglichkeit zählen, sind motiviert durch die Vorstellung neuer, weitreichender Zukunftsmöglichkeiten, sie sind daher risikobereit, zählen auf Gewinnchancen.
Fragen: Worauf achten Sie? Auf Tradition oder Innovation, auf Sicherheit oder Risiko und somit Gewinnchancen, auf Alt oder Neu?

Der Matching-*Regulator*

Gleichheit – oder – Verschiedenheit?
Menschen, die nach Ähnlichkeiten, Gleichheiten mit bereits Bekanntem orientiert sind, sortieren, organisieren ihre Gedanken, ihre Wahrnehmungen nach Ähnlichkeiten, die sie in ihrer Umgebung feststellen! Gleichheits-Personen werden während eines Gesprächs feststellen, was sie von dem Gehörten bereits gehört, gesehen, besessen haben. Sie gehen bewusst auf Ähnlichkeiten ein.
Menschen, die nach Unterschieden mit bereits Bekanntem orientiert sind, sortieren, organisieren ihre Gedanken, ihre Wahrnehmungen nach den Unterschieden, die sie zu ihrer Umgebung feststellen können. Verschiedenheits-Personen werden während eines Gesprächs feststellen, was mit Ihrer Argumentation, Präsentation nicht stimmte. Es sind Ja-aber-Menschen. Versuchen Sie daher während eines Gesprächs Ja-aber-Reaktionen vorwegzunehmen.
Frage: Vergleichen Sie mit schon Gehabtem, Bekanntem – oder wollen Sie etwas anderes?

Der Autoritäts-*Regulator*

Intern – oder – extern
Wie kommen Sie zu Ihrer Entscheidungsfindung? Entscheiden Sie für sich, aus dem Bauch heraus und lassen Sie sich davon nicht abbringen? Dann entscheiden Sie intern. Oder holen Sie sich noch Information bei jemandem anderen, binden Sie jemand anderen in Ihre Entscheidungsfindung mit ein, wollen Sie sich noch mit jemandem anderen besprechen, bevor Sie Ihre Entscheidung treffen? Dann entscheiden Sie extern.
Fragen: Wann wissen Sie, dass Sie das Richtige für sich haben, dass Sie die richtige Entscheidung getroffen haben? Lassen Sie sich bei Ihrer Entscheidung von jemandem anderen beeinflussen, ja brauchen Sie den Rat eines anderen – oder – treffen Sie Ihre Entscheidung einzig und alleine basierend auf Ihren eigenen Vorstellungen, Wünschen?

Der Chunk-Size-*Regulator*

Global – oder – spezifisch?
Wenn Sie eine Entscheidung treffen sollen, wollen Sie dann sofort nur einen Gesamtüberblick oder wollen Sie sofort alle Details erfahren?
Frage: Wollen Sie zuerst einmal nur einen Gesamtüberblick oder benötigen Sie gleich alle Details?
Hinterfragen Sie in jedem Fall die Regulatoren, bevor Sie ein Produkt oder eine Dienstleistung anbieten, denn erst dann können Sie wissen, was Ihr Gegenüber tatsächlich von Ihnen erwartet. Erst dann können Sie Ihr Produkt oder Ihre Dienstleistung auf eben diese Erwartungen hin zuschnitzen und werden bei der Vermarktung erfolgreich sein. Natürlich gilt dies nicht nur für die Vermarktung von Produkten und Dienstleistungen, also von Materiellem, sondern auch für die Akzeptanz von Ansichten, von Ideen, also von Ideellem.

Übung ✓

Beispiel I

Sie überlegen, nach dem Studium dieses Buches an einem meiner Seminare teilzunehmen.
Fragetechniken:

1. Was erwarten Sie von diesem Seminar?

____

____

Jetzt haben Sie Ihr Ziel definiert.

2. Was ist Ihnen an Ihrem Ziel wichtig?

____

____

Das sind nun die Werte, die hinter Ihrem Ziel stehen.

3. Warum sind Ihnen diese Werte wichtig?

____

____

Das ist Ihre Motivationsstrategie: hin zu – oder – weg von etwas. Eventuell haben Sie diese schon in Frage 2 ermitteln können.

4. Bevorzugen Sie eher die Vermittlung von klassischen Inhalten, von altbewährten Methoden und Techniken, oder wollen Sie neue Inhalte kennen lernen, von denen Sie aber noch nicht wissen, ob sie für Sie tatsächlich von ausschlaggebendem Nutzen sein können?

____

____

Jetzt wissen Sie, ob Sie lieber auf Altbewährtes setzen oder für Neues offen sind.

5. Bewerten Sie dieses Seminar im Vergleich zu anderen Seminaren, die Sie schon besucht haben, oder doch eher gerade anhand der Unterschiede?

____

____

Wollen Sie etwas Ähnliches oder suchen Sie anderes?

6. Wie wissen Sie, dass Sie das richtige Seminar besucht haben?

____

____

Nun wissen Sie, ob Sie ein interner oder externer Entscheider in diesem Zusammenhang sind.

7. Wollen Sie gleich alle Details, alle Zielsetzungen und Hintergründe zu diesem Seminar erfahren oder genügt Ihnen ein globaler Überblick, was Sie erwarten wird?

____

____

Werden Sie lieber global oder spezifisch informiert?

Beispiel 2

Einer meiner Studenten, ein Ungar, hat als sein Ziel geäußert, dass er eine Eigentumswohnung in Ungarn erwerben wolle. Die anderen Studenten mussten dieses Ziel auf die in diesem Zusammenhang wirksam werdenden Regulatoren hinterfragen.

- Hinterfragung der Zielsetzung:

Frage: Was ist dein Ziel?
Antwort: Ich möchte eine Eigentumswohnung in Ungarn.

- Hinterfragung der Wertvorstellung des Zieles:

Frage: Warum möchtest du gerade nach Ungarn und warum willst du gerade eine Eigentumswohnung, die mit hohen Kosten verbunden sein wird?

Antwort: Budapest ist meine Heimatstadt. Ich wollte immer dorthin zurück. Dort ist meine Familie, dort sind meine Freunde!
Frage: Wie wichtig ist dir dieses Ziel?
Antwort: Es ist die Grundlage meines Lebens und eine Eigentumswohnung soll auch gleichzeitig eine Absicherung für mich sein.

- Nach dem ***Direction*-Regulator** wurde folgendermaßen gefragt:

Frage: Hast du das Gefühl, dass du von hier weg willst oder einfach nur dorthin willst?
Anwort: Ich will nach Ungarn. Es war schon immer mein Wunsch, in meiner Heimatstadt eine Eigentumswohnung zu besitzen. Es liegt nicht daran, dass mir Wien und die Leute hier nicht gefallen oder ich mich hier nicht wohl fühle. Wien ist eine schöne Stadt und ich fühle mich hier wohl. Dennoch will ich mir meinen Lebenstraum in Budapest erfüllen!
Fazit: Er ist ein „auf etwas sich zu bewegender Mensch".

- Nach dem ***Risk*-Regulator** wurde folgendermaßen gefragt:

Frage: Wann willst du dich umsehen?
Antwort: Ich setze jetzt einmal mein Studium fort und im letzten Jahr werde ich mich bei meinen Aufenthalten in der Heimat umsehen.
Frage: Gibst du gleich nach Beendigung deines Studiums hier alles auf und suchst dann auf gut Glück in Budapest nach einer geeigneten Wohnung, falls du noch keine gefunden hast?
Antwort: Nein, ich gebe hier meine Wohnung so lange nicht auf, bis ich meine Eigentumswohnung gefunden habe. Ich arbeite neben dem Studium und suche mir erst dann in der Heimat etwas. Ich verdiene ausreichend und werde vielleicht sogar im Anfangsstadium meiner Wohnungsgründung hier noch weiter arbeiten.
Frage: Du hast gesagt, dass die Eigentumswohnung für dich eine Absicherung darstellt.
Antwort: Ja, ganz genau, es klingt vielleicht ein bisschen altmodisch, aber ich möchte mir unbedingt eine Eigentumswohnung anschaffen, denn Eigentum stellt doch eine gewisse Sicherheit dar, die mir niemand so rasch wieder wegnehmen kann. Auf Eigentum kann man immer zurückgreifen.
Frage: Wirst du die Anschaffungskosten über die Bank finanzieren und womöglich enorm hohe Schulden machen?
Antwort: Nein, ich spare schon lange darauf hin und – wie schon gesagt – werde hier, wenn nötig, auch weiterhin tätig sein, so dass die möglichen Schulden nicht allzu hoch ausfallen werden!

Frage: Angenommen aber, du findest deine Traumwohnung und die liegt weit über deinen finanziellen Ressourcen. Wirst du sie dir dann trotzdem leisten und eine hohe Schuldenbelastung auf dich nehmen?
Antwort: Ich suche sowieso nur in dem Bereich, den ich mir leisten kann. Diese Frage stellt sich also für mich nicht.
Fazit: Er ist ein Sicherheitsdenker und kein risikobereiter Mensch.

- Nach dem ***Matching*-Regulator** wurde folgendermaßen gefragt:

Frage: Wie stellst du dir deine Wohnung vor? Wie groß soll sie sein und wie viele Zimmer soll sie haben?
Antwort: Sie soll in etwa so groß sein und so angelegt sein wie meine jetzige Wohnung. Ich wohne jetzt in einer Wohngemeinschaft und die Wohnung hat 4 Zimmer, die alle vom Vorzimmer aus getrennt begehbar sind. Das ist gut, denn dadurch stört niemand den anderen. Meine zukünftige Wohnung soll auch ungefähr diese Größe haben, rund 90 qm, aufgeteilt auf 4 Zimmer, da ich ja irgendwann auch eine Familie gründen will und mindestens 3 Personen hineinpassen sollen. Ein eigenes Arbeitszimmer ist mir dabei sehr wichtig!
Frage: Möchtest du etwas, was du in deiner jetzigen Wohnung hast, auch in deiner neuen haben oder willst du umgekehrt etwas, was du jetzt hast, vermeiden?
Antwort: Die jetzige Wohnung ist etwas heruntergekommen, weil so viel Staub durch die Bodenbretter durchdringt, aber einen Parkettboden möchte ich in meiner neuen Wohnung unbedingt auch haben, eben auf einem besseren, neuwertigeren Stand, auch wenn ich unbedingt wieder in eine Altbauwohnung – so wie die jetzige – ziehen möchte. Ich bin in einer Altbauwohnung aufgewachsen und ich liebe die Höhe der Räume. Die Neubauten sind alle viel niedriger, die erdrücken mich! Im Übrigen schätze ich auch die gute Verkehrsanbindung, die ich jetzt habe!
Frage: Wirst du beim Kauf deiner Wohnung also auch auf die Verkehrsanbindung achten?
Antwort: Ja, unbedingt! Ich möchte in Ungarn auch in einer guten Lage, in einem guten Bezirk sein, also entweder im 1. oder im 13., mit einer guten Verkehrsanbindung! Die gute Lage ist mir wichtig, weil sie in jedem Fall eine Wertsteigerung garantiert und das Alltagsleben ungemein erleichtert!
Fazit: Er orientiert sich an Ähnlichkeiten, an Gleichheiten mit bereits Bekanntem.

- Nach dem ***Autoritäts*-Regulator** wurde folgendermaßen gefragt:

Frage: Liegt die Entscheidung nur bei dir oder besprichst du dich noch mit anderen Personen?

Antwort: Nein, ich habe mich schon entschieden! Ich wollte das ja schon immer und werde mir diesen Traum auch erfüllen!

Frage: Angenommen aber, du verliebst dich hier in eine Frau und die will nicht mit nach Ungarn? Könnte es sein, dass du dann von deinem Ziel Abstand nimmst?

Anwort: Nein, auf gar keinen Fall! Wenn ich eine Frau hätte, dann müsste sie mit mir nach Ungarn gehen, wenn nicht, dann würde sie mich nicht lieben und dann hätte sich sowieso alles erübrigt!

Fazit: Er ist ein Intern-Entscheider.

- Nach dem ***Chunk-Size*-Regulator** wurde folgendermaßen gefragt:

Frage: Hast du schon eine ganz konkrete Vorstellung, wie die Wohnung aussehen soll?

Anwort: Ich habe ja schon gesagt, dass es eine Altbauwohnung sein soll, wo sie liegen soll, wie groß sie ungefähr sein soll und dass sie mindestens vier Zimmer und Parkettboden haben soll. Wichtig ist mir noch, dass die Leitungsrohre, die ja in Ungarn vor dem Putz liegen müssen, damit man einen Schaden sofort erkennen kann, gut abgedichtet sind! Als Einrichtungsgegenstände möchte ich nach und nach alte Möbelstücke sammeln, denn die passen besser in eine Altbauwohnung. Ich habe da auch ganz gute Kontakte, die ich zu gegebenem Anlass dann nützen werde. Nur die Küche soll – wie die jetzige auch – eine Einbauküche sein, das ist ungeheuer praktisch und platzsparend und sie soll eine gute technische Ausstattung haben. Das sind meine bisherigen konkreten Vorstellungen, die ich mir zum gegebenen Zeitpunkt verwirklichen werde.

Fazit: Er hat schon spezifische Vorstellungen.

Beispiel 3

Eine meiner Studentinnen hat es sich zum Ziel gesetzt, zu ihrer Mutter nach Argentinien auszuwandern. Ihrer Mutter und deren weitreichender Verwandtschaft sieht sie sich eher familiär verbunden als ihrem Vater.
Ihre Kollegen sollten nun die für sie in dieser Angelegenheit wirksamen Regulatoren herausfiltern:

- Hinterfragung der Zielsetzung: Was ist dein Ziel?

Antwort: Ich möchte auswandern!

Frage: Warum?
Antwort: Es geht um Familienzusammenführung.
Frage: Was heißt das genau?
Antwort: Meine Eltern leben getrennt. Ich möchte zu meiner Mutter, die in Argentinien wohnt, wo auch ihre ganze Verwandtschaft ist, eine richtige Großfamilie, zwar nicht am selben Ort, aber alle in regem Kontakt zueinander.

- Hinterfragung der Wertvorstellung des Zieles: Warum ist dir dieses Ziel wichtig?

Antwort: Mir fehlt meine Mutter, eine richtige Familie.
Aber mit deiner Mutter kannst du doch auch telefonieren, da brauchst du doch nicht gleich auszuwandern.
Antwort: Doch! Ich telefoniere mit meiner Mutter zweimal in der Woche, aber das ist zu wenig! Mir fehlt die Geborgenheit in einer richtigen Familie. Bei meinem Vater gibt es kein Zusammengehörigkeitsgefühl.

- Nach dem ***Direction*-Regulator** wurde folgendermaßen gefragt:

Frage: Du willst also nach Argentinien zu deiner Mutter und ihrer Großfamilie auswandern, weil du dort Geborgenheit zu finden glaubst. Woher willst du wissen, dass du diese auch tatsächlich finden wirst?
Antwort: Ich war schon zu Weihnachten bei meiner Mutter, die ja auch erst seit einem halben Jahr in Argentinien lebt, und es war unbeschreiblich schön!
Frage: Wann willst du denn dann auswandern, du bist mitten im Studium?
Antwort: Schon im Praktikumssemester.
Frage: Wäre es nicht besser, hier das Studium einmal fertig zu machen und dann erst zu entscheiden?
Antwort: Nein, ich möchte so rasch wie möglich wieder ein richtiges Familienleben haben, und das bei meiner Mutter in Argentinien.
Frage: Als deine Eltern noch beisammen waren, hattest du damals die Geborgenheit hier?
Antwort: Ja!
Frage: Wärst du damals auch nach Argentinien ausgewandert?
Antwort: Nein! Wieso diese Frage?
Frage: Wie hast du dich früher mit deinem Vater verstanden?
Antwort: Na ja, ganz gut.

Frage: Und wieso jetzt nicht mehr?
Antwort: Weil man sich auf ihn nicht verlassen kann, weil er mir nicht die Wärme gibt, die ich brauche. Ob ich jetzt hier bin oder nicht, ist ihm, glaube ich, vollkommen egal!
Frage: Wenn deine Mutter in die Schweiz gegangen wäre und nicht nach Argentinien zu ihren unzähligen Verwandten, würdest du dann in die Schweiz gehen oder zur argentinischen Großfamilie?
Antwort: Ich würde selbstverständlich zu meiner Mutter gehen.
Frage: Und wenn deine Mutter wieder nach Wien zurückkäme, würdest du dann hier bleiben und nicht auswandern?
Antwort: Diese Frage stellt sich nicht.
Frage: Wenn doch, was würdest du dann tun?
Antwort: Dann würde ich selbstverständlich hier bleiben!
Frage: Also, es geht dir nicht so sehr darum, bei der Großfamilie deiner Mutter in Argentinien zu sein, sondern vielmehr darum, der Gefühlskälte, die du hier bei deinem Vater empfindest, zu entfliehen?
Antwort: So habe ich das noch gar nicht betrachtet, aber vielleicht!
Frage: Und wenn du dich jetzt hier verliebst und dadurch Liebe und Geborgenheit findest, würdest du dann hier bleiben?
Antwort: Nein, mein Entschluss steht fest, ich werde in Kürze zu meiner Mutter und ihrer Familie nach Argentinien auswandern. Wenn mich ein Mann lieben würde, würde er das verstehen, er würde mir auch diese Zeit geben oder eben gleich mitkommen!

- Der ***Direction*-Regulator** musste hier genauer hinterfragt werden, da anfangs wohl deutlich wurde, dass sie sich auf etwas hinbewegen will. Erst im Laufe des Gesprächs wurde deutlich, dass sie von der hier für sie herrschenden Gefühlskälte weg will, sie im Besonderen mit der Person ihrer Mutter Geborgenheit verbindet und sie dafür bereit ist, ein neues Leben in einem anderen Land zu beginnen.

Fazit: Sie ist ein sich von etwas wegbewegender Mensch.

- Nach dem ***Risk*-Regulator** wurde folgendermaßen gefragt:

Frage: Hast du Angst vor der instabilen politischen und wirtschaftlichen Lage in Argentinien?
Antwort: Das macht mir keine Sorgen.
Frage: Was würde dir Angst machen?
Antwort: Einzig der Verlust der Mutter.

Frage: Deine Mutter lebt aber mit einem Lebensgefährten! Das könnte doch problematisch werden?
Antwort: Ich habe ein gutes Verhältnis zu ihm. Er ist sehr nett. Ich sehe darin kein Problem!
Frage: Was machst du, wenn es trotzdem nicht klappt?
Antwort: Meine Mutter würde es nie so weit kommen lassen, zudem könnte ich im schlimmsten Fall auch bei einem oder einer Verwandten meiner Mutter jederzeit unterkommen. Meine Mutter hat 13 Geschwister, die alle in Argentinien leben und unter denen ein außerordentlich gutes und herzliches Verhältnis herrscht, nicht so wie hier! Hier vermisse ich eben die Geborgenheit, die für mich aber äußerst wichtig ist.
Frage: Du hast hier einen tollen Job! Weißt du schon, ob du so leicht in Argentinien auch einen finden wirst?
Antwort: Das ist mir jetzt einmal völlig egal!
Fazit: Sie handelt hier als ein risikobereiter Mensch.

• Nach dem ***Matching*-Regulator** wurde folgendermaßen gefragt:
Frage: Es ist dir egal, ob du einen Job findest oder nicht, aber was willst du denn in Argentinien machen?
Antwort: Urlaub, das Leben genießen, Gemütlichkeit haben und keinen Stress! Ich brauche eine neue Perspektive.
Frage: Dann wirst du wohl auf einigen Komfort verzichten müssen?
Antwort: Das macht mir nichts aus!
Frage: Du hast gesagt, dass du zu Weihnachten schon dort warst! Wie war es dort? Anders als hier?
Antwort: Ganz anders! Das kann man gar nicht vergleichen! Ich habe gesehen, dass das Leben auch ganz anders sein kann! Frei, harmonisch, stresslos, gemütlich, dafür verzichte ich gerne auf so manchen so genannten Komfort und konzentriere mich lieber auf das Wesentliche im Leben.
Fazit: Sie sucht Ungleiches im Gegensatz zum bereits Bekannten.

• Nach dem ***Autoritäts*-Regulator** wurde folgendermaßen gefragt:
Frage: Hast du dich schon mit deiner Mutter und anderen Personen abgesprochen?
Antwort: Ich habe diese Entscheidung einzig und alleine für mich getroffen, danach habe ich meine Mutter gefragt, ob sie damit einverstanden sei, und dann habe ich auch meine Freunde hier in meinen Entschluss eingeweiht!
Fazit: Sie ist ein Intern-Entscheider.

- Nach dem ***Chunk-Size*-Regulator** wurde folgendermaßen gefragt:

Frage: Du wirst bei deiner Mutter wohnen und weißt noch nicht, ob du einen Job finden wirst. Hast du dich denn schon erkundigt, wie die beruflichen Chancen für dich mit deiner Ausbildung stehen?
Antwort: Nein, nicht wirklich, ich will einfach nur leben, nur überleben!
Frage: Weißt du, wie und wo du überhaupt Arbeit finden könntest?
Antwort: Wenn man arbeiten will, findet man sicherlich etwas.
Frage: Also, du hast bis jetzt keine konkreten Vorkehrungen getroffen, was deine zukünftige berufliche Laufbahn betreffen könnte?
Antwort: Ich verstehe gar nicht, welche Sorgen ihr euch immer bezüglich des Jobs, der Karriere macht, das Leben besteht auch noch aus anderen wichtigen Dingen.
Frage: Willst du irgendwann wieder nach Österreich zurückkommen?
Antwort: Könnte sein, vielleicht nach dem Auslandspraktikum, aber ich glaube eher nicht, das steht noch alles in den Sternen.
Fazit: Sie ist ein Global-Entscheider.

Sie sehen anhand dieser beiden Beispiele, in welcher Weise unterschiedliche Regulatoren zum Tragen kommen, die ständig hinterfragt werden müssen, um die Motivation des Gesprächspartners zu erkennen.

Versuchen Sie nun im folgenden dritten Beispiel aus den Fragestellungen und aus den Antworten selbst die entsprechenden Regulatoren herauszufiltern:

Beispiel 4

Mein Ziel ist es, mir mit 30 Jahren in Niederösterreich, genauer gesagt in Eichgraben, ein Haus zu bauen!
Frage: Wieso gerade in Eichgraben?
Antwort: Meine Eltern haben dort ein großes Grundstück und schon ein kleines Haus darauf, für die Wochenenden. Ich habe mehr oder weniger meine Jugend dort verbracht.
Frage: Warum willst du dir auf dem Grundstück ein eigenes Haus bauen, warum reicht dir nicht das Haus deiner Eltern?
Antwort: Das Haus meiner Eltern ist mir zu klein und es ist außerdem falsch gebaut worden. Ich will mein Haus ganz anders gestalten. Das Grundstück umfasst 2500 qm und ist eine Hanglage. Während das Haus meiner Eltern unten steht, will ich meines aber oben hinstellen, weil man dort besser zufahren kann.

Frage: Warum haben deine Eltern ihr Haus unten gebaut?
Antwort: Unten waren alle Anschlüsse vorhanden, weshalb ihnen das Bauen billiger gekommen ist.
Frage: Hast du schon weitere konkrete Vorstellungen, wie das Haus aussehen soll?
Antwort: Ja, ich habe für mich schon so eine Art Plan erstellt. Also, wie gesagt, es soll oben an der Straße gebaut werden. Dort kann ich leicht zufahren und brauche nichts herumzuschleppen. Ich möchte auch unbedingt eine Garage für mein Auto. Außerdem soll mein Haus ein Ziegelbau sein und L-förmig, weil diese Form sehr gut in die Landschaft passt. Es soll auch unterkellert sein. Das Haus meiner Eltern ist nicht unterkellert, und dadurch fehlt uns enorm viel Stauraum. Die Grundfläche meines Hauses soll so ungefähr 130 qm betragen, also doch um Beträchtliches größer sein als das meiner Eltern!
Frage: Die Kosten für die Anschlüsse schrecken dich nicht ab?
Antwort: Nein.
Frage: Aber wieso willst du gerade in Eichgraben ein Haus bauen, das ist doch bestimmt ein Nest?
Antwort: Ich bin dort – wie schon gesagt – mehr oder weniger groß geworden. Ich habe vieles gesehen und gerade dadurch diese Gegend umso mehr schätzen gelernt. Außerdem kenne ich die Leute dort.
Frage: Willst du, wenn du das Haus gebaut hast, nach Wien pendeln?
Antwort: Nein, ich möchte während der Woche in Wien wohnen und nur am Wochenende hinausfahren. Für immer möchte ich nicht draußen wohnen.
Frage: Wenn du einen Job im Ausland findest, willst du dann trotzdem noch ein Haus in Eichgraben bauen?
Antwort: Ja, selbstverständlich, ich möchte meine Wurzeln hier in Österreich nie aufgeben, dann baue ich das Haus vielleicht langsamer, als ich es mir überlegt habe, aber ich möchte mir unbedingt meinen Wunsch erfüllen.
Frage: Und wenn du eine Frau findest, die nicht nach Eichgraben will?
Antwort: Das wäre dann keine richtige Beziehung. Ich will ja nicht immer draußen wohnen. Das müsste sie verstehen, und wenn sie mich liebt und zu mir passt, dann wird sie sich dort auch wohl fühlen.
Frage: Dass deine Eltern auch dort sind, das stört dich nicht?
Antwort: Meine Eltern werden nie hinausziehen, sie sind so selten draußen! Außerdem habe ich ja dann mein eigenes Haus, das Grundstück ist groß genug. Außerdem verstehe ich mich mit meinen Eltern sehr gut.

Frage: Wieso wartest du mit dem Hausbau noch, bis du 30 Jahre alt bist?
Antwort: Ich spare schon seit vielen Jahren, und bis zu meinem 30. Lebensjahr habe ich dann das Geld zusammen, das ich für die Grundausstattung brauche. Das habe ich mir schon so ungefähr durchkalkuliert. Das Grundstück habe ich von meinen Eltern, das kostet mich also nichts. Außerdem habe ich keinen Zeitdruck, ich kann mir ja mit der weiteren Ausstattung Zeit lassen.
Frage: Willst du nicht einen Kredit aufnehmen, damit du gleich alles fertig machen kannst?
Antwort: Nein, ich will mich finanziell nicht zusätzlich belasten, man weiß ja nie, was kommt.

Lösung

Auf etwas zu ...
Ungleiches im Gegensatz zu bereits Bekanntem (Haus der Eltern)
Intern entscheidend
Tradiert, nicht risikobereit
Detaillierte Vorstellungen

3 REFRAMING

Jeder von uns hat also seine innere Landkarte, die durch Fragetechniken erkannt und aufgebrochen werden kann. Im vorangegangenen Kapitel konnten wir anhand von Beispielen verdeutlichen, wie man durch gezielte Fragestellungen die Regulatoren des jeweiligen Gesprächspartners herausfiltert.
Eine weitere Technik, Sichtweisen zu verändern, wird in diesem Kapitel behandelt: **die Technik des Reframings, des Umdeutens.**
Beim Reframing ändern Sie lediglich den Blickwinkel, den der andere oder den Sie in Bezug auf eine Tatsache einnehmen. Sie rücken also die Tatsachen in ein anderes Licht und sorgen dadurch für neue zusätzliche Möglichkeiten. Die Tatsache als solche bleibt dieselbe, aber die Bedeutung bzw. die Situation oder der Zeitrahmen wird geändert. Man spricht daher je nachdem auch von **Bedeutungs-Reframing bzw. von Kontext-Reframing**.
Ausgangspunkt ist wie immer, wenn Sie nach einer gemeinsamen Problemlösung suchen und nicht bewusst auf Konfrontation gehen wollen, eine Haltung der Zustimmung, ein so genanntes **Agreement-Frame.**

Agreement-Frame

Wendungen, die Zustimmung signalisieren:
Das sehe ich ein **und**...
Ich verstehe Sie **und** ...
Ich stimme Ihnen zu **und** jede Medaille hat zwei Seiten, lassen Sie uns auch die andere betrachten ...
Ich respektiere Ihre Ansicht **und** ...
Ja, und ...

Solche Formulierungen werden mit **magic words** wie „und" bzw. „und so", „darüber hinaus", „da" etc. gekoppelt. Vermeiden Sie Bindewörter, die einen Gegensatz einleiten, wie z. B. „aber", „dennoch", „trotzdem", „obwohl", „nichtsdestoweniger" etc. Sie machen damit Ihre bereits gegebene Zustimmung zunichte und werden unglaubwürdig.

Der **Agreement-Frame** ist eine strategische Maßnahme, die Ihnen hilft, die Werte und Überzeugungen Ihres Gesprächspartners mit den Werten und Überzeugungen zu verknüpfen, die Sie ihm in unmittelbarer Folge anbieten werden. Wenn Sie Ihrem Gesprächspartner vermitteln, dass Sie seinen Standpunkt anerkennen, dann wird er eher geneigt sein, sich mit Ihrer Sichtweise auseinander zu setzen. So können Sie ihm anschließend Ihre „Rahmen-Veränderung" anbieten.

Bedeutungs-Reframing

Wenn Sie die **Bedeutung**, die einem bestimmten Ereignis, einem bestimmten Faktum beigemessen wird, verändern, so kann man auch die Überzeugung ändern, die dieser Perspektive ihre Bedeutung gibt. Sie kennen ein solches **Bedeutungs-Reframing** sicherlich aus Ihrem Privatleben: Wenn Sie eine Person lieben, dann geben Sie dieser Person eine ganz bestimmte Bedeutung und somit auch allen ihren Reaktionen, ihren Verhaltensformen. Wenn Sie diese Person nicht mehr lieben, dann beurteilen Sie die Person, ihre Reaktionen und Verhaltensformen vollkommen anders. Sie sind es also, Sie alleine, der den einzelnen Personen, Ereignissen, Umständen etc. Bedeutung zuordnet bzw. diese verändert.
Sie können aber nicht nur die Bedeutung von sich aus verändern, Sie können auch Ihrem Gegenüber klarmachen, dass die Bedeutung hinsichtlich einer Tatsache veränderbar ist und jeder dafür selbst verantwortlich zeichnet. In der Werbung wird sehr oft mit Bedeutungs-Reframing gearbeitet:

- ➔ Ein hoher Preis wird gern mit hoher Qualität gleichgesetzt, obwohl ein hoher Preis genauso gleichgesetzt werden kann mit einem Minus in der Geldbörse.
- ➔ Der Kauf eines Produktes wird mit ewiger Jugend verquickt, obwohl man einwenden kann, dass der Kauf eines Produktes weder Ihre Falten mildert noch wegzaubert.

Beispiele

Einwand: Der Oldtimer ist in schlechtem Zustand!
Antwort: Ja, bei diesem Oldtimer ist alles noch im Originalzustand und daher für Sie als Sammler ein absolutes Schnäppchen!

Einwand: Der Preis ist zu hoch!
Antwort: Das stimmt, der Preis ist etwas höher als der, der Ihnen ursprünglich vorschwebte! Dafür befindet sich diese Wohnung in einer besseren Lage und bietet Ihnen nicht nur bessere Wohn- und Lebensqualität, sondern ist auch eine perfekte Wertanlage!

Einwand: Ich werde das Haus selbst verkaufen und so die Provision einsparen!
Antwort: Ja, Sie können natürlich versuchen, das Haus selbst zu verkaufen und sich die Maklerprovision ersparen. Sie sollten wohl auch die Kehrseite der Medaille betrachten, nämlich dass wir als Makler schon über einen guten Kundenstock verfügen und wissen, wer einen absolut guten Kaufpreis für eine gute Immobilie zu zahlen bereit ist. Ohne entsprechende Erfahrung verschleudern Sie vielleicht viel Geld, mehr Geld, als Sie einsparen, und benötigen dafür auch noch viel Zeit!

Kontext-Reframing

Beim Kontext-Reframing wird entweder die Situation oder der Zeitrahmen hinsichtlich eines Einwandes verändert.

Beispiele

Einwand: Dieser Anzug ist aber teuer!
Antwort: Ja, das stimmt, dieser Anzug ist nicht gerade billig. Vor etlichen Jahren hat man für dieses Geld zwei Anzüge bekommen! Die Zeiten haben sich geändert und zum Glück sind in den letzten Jahren nicht nur die Preise gestiegen, sondern auch dementsprechend die Gehälter.

Einwand: Ich werde jetzt nie mehr wieder umziehen!
Antwort: Oh, das verstehe ich sehr gut! So ein Umzug ist immer mit viel Arbeit und Aufwand verbunden und wenn sich bei dir die Lebensumstände nicht ändern sollten, wird es auch nicht unbedingt nötig sein. Wenn du über eine Familiengründung doch noch nachdenkst, dann wird wohl eine größere Wohnung vonnöten sein. Sag niemals nie.

Einwand: Ich will diese Wohnung nicht! Sie liegt zu nahe an der Hauptverkehrsstraße.
Antwort: Ich verstehe dich sehr gut, dass du wegen der Nähe der Hauptverkehrsstraße Bedenken hast und gerade deswegen solltest du dir vor Augen halten, dass du eine hervorragende Anbindung an die öffentlichen Verkehrsmittel hast, dir dadurch immens viel Zeit im Alltagsleben einsparen kannst und dass du eine gute Infrastruktur unmittelbar vor der Wohnungstür hast.

Formulieren Sie Einwände oder Vorurteile und verändern Sie in Ihren Antworten entweder die Bedeutung oder den Kontext bzw. den Zeitrahmen. Auch eine Vermischung von beiden Reframings ist möglich.

4 SPRACHE ALS POWERSPRACHE

Sprache ist ein Zaubermittel, eine Himmelsmacht: Mit Hilfe der Sprache können Sie Berge versetzen, Sie können durch die Worte, die Sie verwenden, Menschen ermutigen, stärken, aber auch zutiefst verletzen oder verärgern! Das, was Sie denken und in Sprache umsetzen, bestimmt umgekehrt auch Ihre eigene Befindlichkeit. Durch Ihre Worte versetzen Sie sich selbst in eine glückliche, energiegeladene oder in eine depressive, antriebslose Stimmung. Diese Energie, diese Freude, aber auch diese Energielosigkeit oder innere Unzufriedenheit spiegeln sich in Ihren Handlungen wider und die Handlungen wirken zurück auf Ihre Sprache. Seien Sie sich dieser Wechselwirkung immer bewusst!

Lernen Sie in diesem Kapitel also, die Macht der Sprache für sich zu nutzen. Lernen Sie das Geheimnis der **Power-Sprache** kennen! Mit Power-Sprache kommen Sie rascher an Ihr Ziel, müssen weniger Barrieren bei Ihren Gesprächspartnern überspringen, und das ohne besondere (rhetorische) Anstrengung: Power-Sprache heißt, dass die Worte, die Sie wählen, eine stärkere Wirkung auf Ihr eigenes Verhalten wie auch auf das Ihrer Mitmenschen ausüben. Power-Sprache heißt daher, Worte verwenden, die positive Vorstellungen, Assoziationen auslösen, **und** umgekehrt negativ besetzte Worte tunlichst vermeiden.

Wenn man kommuniziert, geschieht dies immer auf zwei Ebenen, einerseits auf der sachlichen, andererseits auf der emotionalen. Die **emotionale Ebene** ist in ihrer Wirkung eindeutig stärker, sie „(be)trifft“ uns mehr als die reine **Sachebene**. Daher hängt der Erfolg Ihrer Kommunikation immer davon ab, wie sehr Sie es schaffen, die positive Gefühlsebene zu wecken und anzusprechen: Denn auf dieser Ebene treffen Sie Ihren Gesprächspartner in seinem positiven Inneren, Sie bewegen ihn und überzeugen ihn umso leichter. Dies klingt an sich recht einfach, bedarf allerdings doch einiger Übung, denn da wir im Laufe des Lebens immer wieder negativ kodiert werden, müssen wir lernen, unsere Sprache bewusst umzustellen.

Ersetzung emotional negativ besetzter Worte durch positiv besetzte Worte

Übung ✓

Lesen Sie sich die negativ besetzten Varianten – wenn möglich – laut vor und formulieren Sie dann die positiv besetzten dazu. Decken Sie den Lösungsteil in der rechten Spalte ab und versuchen Sie, die negativ besetzten Wendungen durch positive auszutauschen.

Emotional negativ	**Emotional positiv**
Da kommt ein riesiges Problem auf mich zu.	Ich will diese neue Herausforderung, die das Leben an mich stellt, mit vollem Einsatz meistern!
Es ist heute ein wahrer Kampf mit dir!	Du willst, dass ich mich mit dir heute besonders beschäftige. Oder: Du benötigst heute meine ganze Aufmerksamkeit.
Ich habe Angst davor!	Ich will meine ganze Courage einsetzen! Oder: Das ist eine Herausforderung, ich stelle mich ihr mit vollstem Einsatz.
Das kostet mich viel Anstrengung!	Das bringt mir den Nutzen von ... (zielorientiert)
Ich mache bei der Arbeit ständig Fehler, das belastet mich.	Ich lerne bei der Arbeit ständig dazu, mein Erfahrungshorizont wird dadurch um vieles erweitert.
Ich habe in meinem Leben immer nur Schwierigkeiten, immer nur ich!	Mein Leben stellt mir immer neue Herausforderungen, ich bin dadurch stärker als früher und auch als so manch anderer! (Nutzenorientiert) Oder: Das Leben fordert mich und ich antworte!
Ach Gott, was für ein Tag, lauter Termine, Streitereien mit unmöglichen Leuten.	Was für ein Tag! Heute kann ich wieder beweisen, wie gut ich bin! Ich freue mich schon darauf zu zeigen, wie gut ich mit Menschen

	umgehen kann! Oder: Ein Tag, der hohe Erwartungen an mich stellt und an dem ich mich wieder einmal so richtig beweisen kann!
Jetzt bin ich schon wieder krank, das darf doch nicht wahr sein!	Mein Körper verlangt eindeutig eine Auszeit, eine Zeit der Erholung, und die bekommt er auch.
Immer, wenn ich komme, ist er weg!	Er ist wohl sehr beliebt und sehr gefragt; auch ich möchte in den Genuss seiner Anwesenheit kommen, wann ist er für mich erreichbar? (Danach Vorgabe von zwei konkreten Terminmöglichkeiten.)

Ersetzung emotional neutraler Worte durch emotional positive Worte

Übung ✓

Lesen Sie sich die negativ besetzten Varianten – wenn möglich – laut vor und formulieren Sie dann die positiv besetzten dazu. Decken Sie den Lösungsteil in der rechten Spalte ab und versuchen Sie, die negativ besetzten Wendungen durch positive auszutauschen.

Emotional neutral	Emotional positiv
Das war ein nettes Gespräch!	Dieses Gespräch hat mich wieder aufgebaut! Oder: Dieses Gespräch war sehr bereichernd für mich!
Ich kann dir dabei ja helfen!	Ich will dich dabei mit allen meinen Kräften und mit meinem Wissen unterstützen!
Ich werde die richtige Entscheidung treffen.	Ich werde die für diese Situation optimale Entscheidung treffen.
Ich will etwas für meinen Erfolg tun.	Ich setze mich für meinen beruflichen Aufstieg voll ein. Oder: Meine Karriere hat absolute Priorität.

Ich werde diese Aufgabe zuerst erledigen!	Ich beginne meinen morgigen Arbeitstag gleich mit dieser Aufgabe und wende mich erst dann einer anderen zu, wenn ich diese beendet habe!
Kannst du das für mich machen?	Bringt du das zuwege?
Wir wollen mehr Rabatt!	Wir erwarten ein größeres Entgegenkommen und einen 20%igen Rabatt!

Bei entsprechendem Training erkennen Sie rasch, dass Magic-Varianten eine motivierende Wirkung haben und die Power-Sprache sowohl Selbstmotivation als auch Fremdmotivation erzeugt.
Schreiben Sie ein Gespräch mit einem imaginären Gesprächspartner auf, das aus Ihrem Alltagsleben gegriffen sein könnte, entweder aus Ihrem beruflichen oder aus Ihrem privaten. Überlegen Sie sich dabei eine Situation, die emotional eher negativ besetzt ist, und bauen Sie in Ihr Gespräch oft verwendete Floskeln ein. Danach schreiben Sie Ihren Part um und ersetzen die von Ihnen gebrauchten Redewendungen durch ausschließlich positiv besetztes Vokabular! Sie werden dabei erkennen, wie schwer es für Sie ist, auf der negativ besetzten Schiene des Gesprächspartners bleiben zu können. Dramatisieren Sie bei dieser Übung ohne weiteres ein wenig. Etwas „dicker auftragen" hilft Ihnen, die Hemmschwelle zu überwinden und die von Ihnen eingeübten negativ besetzten Sprachmuster abzulegen. Diese Übung eignet sich auch sehr gut als Partnerübung, indem Sie gemeinsam ein Gespräch aus einer Alltagssituation aufschreiben, Sie dann Ihren Part in Power-Sprache umschreiben und Ihren Gesprächspartner damit konfrontieren. Wichtig dabei ist, dass Ihr Gesprächspartner seine Antworten auch mitschreibt. Danach können Sie die beiden niedergeschriebenen Gespräche vergleichen und feststellen, zu welchem Ergebnis der Gesprächsverlauf führte, nur weil einer der Gesprächspartner Power-Sprache anwendete.

Übung ✓

Ein Beispiel als Vorbild

Sie suchen Rat und erwarten für das Zusammenstellen eines Vortrags Unterstützung von Ihrem Gesprächspartner. Damit man von jemandem Unterstützung bekommt, ist es wichtig, dass man sein Anliegen so eindrucksvoll vorbringt, dass man das Interesse des anderen weckt! Sprechen Sie den anderen **anschaulich, emotional-positiv, persönlich, zeitaktuell, zielorientiert** an!

Übung 1: So-nicht-Beispiel

Geschildert wird ein typischer Gesprächseinstieg, der meist zu keinem positiven Ergebnis führt.
Person A: Herr XY, ich komme bei dieser Arbeit einfach nicht weiter. Daher wende ich mich an Sie, vielleicht haben ja Sie eine Idee, wie ich die Angelegenheit angehen könnte?
Person B: Worum geht es denn?
Person A: Ich muss in meiner Firma einen Vortrag über die interne Gesprächskultur halten, der motivieren soll! Wie soll ich den Vortrag am besten beginnen?
Person B: Das ist ein sehr komplexes Thema! Da müsste ich genauere Informationen über Ihre Firma, über die Gesprächskultur in Ihrer Firma überhaupt, über die Mitarbeiter, über deren kommunikative Bereitschaft schlechthin und und und ... haben! Also, so ohne weiteres kann ich Ihnen da nicht helfen, tut mir Leid!

Übung 2: So-Beispiel

Versuchen Sie nun, dieses Gespräch durch positiv besetztes Vokabular positiv zu „dramatisieren“:
Person A: Herr XY, Sie sind ja als Fachmann auf dem Gebiet der Kommunikation bekannt und ein Spezialist bei der innerbetrieblichen Kommunikation! Ich habe nun ein Problem, daher wende ich mich an Sie, weil Sie der Einzige sind, der mir bei der Bewältigung helfen kann!
Person B: Worum geht es denn?

Person A: Ich muss in meiner Firma einen Vortrag über die innerbetriebliche Gesprächskultur halten, um meine Mitarbeiter zu einem besseren Miteinander-Kommunizieren zu motivieren. Sie als Kommunikationsgenie wissen ja, wie wichtig bei einem Vortrag, der andere mitreißen soll, der andere aktivieren soll, der Einstieg ist! Wie soll ich mich bei meinen Zuhörern/Zuschauern einblenden? Wie „reiße ich sie vom Hocker"? Geben Sie mir doch einen Geheimtipp aus Ihrer Trickkiste, dann gelingt mir das Fortsetzen sicher! Wenn ich einmal im Redefluss bin, dann kann mich keiner mehr stoppen!
Person B: Na, wenn Sie schon so motiviert sind, dann freut mich das! Tja, ein altbewährter Trick, um demotivierte Mitarbeiter wieder aktiv zu machen, ist ...

Worte und Wendungen, die Sie vermeiden sollten

Die Power-Sprache verbannt bestimmte Worte vollkommen aus dem Vokabular. Unser herkömmliches Vokabular ist stark männlich, „soldatisch" geprägt, das heißt, es beinhaltet sehr viele emotional negativ besetzte Wörter wie: Kampf, Streit, Problem, Niederlage, Krankheit, schwierig, hart, knapp, etc., ferner so genannte „Un-Wörter", wie unmöglich, unrichtig, unlösbar, unerreichbar ... Im Folgenden finden Sie eine Zusammenstellung der wichtigsten negativ besetzten Worte und Wendungen mit den jeweiligen Alternativen dazu:

Verwenden Sie „und" statt „aber", „doch", „jedoch", „trotzdem" ...

Den Und-Trick haben Sie schon beim Agreement-Frame, beim Formulieren des Zustimmungsrahmens kennen gelernt. Wenn Sie glaubwürdig bleiben und beim Gesprächspartner nicht eine Kontroverse provozieren wollen, dann beherzigen Sie immer den einen Grundsatz: Stimmen Sie niemals zu, um dann sofort wieder diese Zustimmung durch die Verwendung des Wortes *aber* zu revidieren ...!

Wie oft hört man Redewendungen wie:

- Ja, ich verstehe dich vollkommen, *aber* so schlimm wird es schon nicht sein ...
- Ja, ich stimme dir zu, *aber* du musst das auch von einem anderen Blickwinkel aus betrachten, nämlich ...

Ihr Gesprächspartner fühlt sich durch solche Formulierungen von Ihnen missverstanden – oder noch schlimmer: Er fühlt sich von Ihnen an der Nase herumgeführt, weil Sie doch ursprünglich Ihre Zustimmung signalisiert haben. Schließen Sie also stattdessen immer mit „und“ an, wenn Sie den anderen nicht vor den Kopf stoßen wollen, und formulieren Sie um:

- Ja, ich verstehe dich vollkommen **und** ... (unterstütze dich, wenn du mich brauchst ...)
- Ja, ich stimme dir zu, **und** du solltest das auch von einem anderen Blickwinkel aus betrachten!

Diese Methode funktioniert auch dann, wenn Sie anderer Meinung sind! Sie müssen daher nicht unbedingt direkt zustimmen, sollten aber die beiden Ansichten geschickt ineinander überführen! *Wendungen* wie „Das klingt interessant und man muss auch beachten, dass ...“ oder „Das ist Ihre Meinung und ferner ist ins Kalkül zu ziehen ...“ können Ihnen dabei behilflich sein.

Führen Sie die Meinung des anderen durch das Bindewort „und“ in Ihr Statement über, verquicken Sie die beiden Ansichten durch das „und“, machen Sie sie zu einer Einheit bzw. vermitteln Sie das Verstehen und zeigen Sie durch das „und“ dem anderen auch eine andere Sichtweise auf, ohne seine zurückzuweisen!

Verwenden Sie „dafür“ statt „dagegen“

Durch das „Dagegen“ drücken Sie nur das aus, was Sie nicht wollen. Sie sprechen den negativen Zustand an. Sagen Sie lieber das, was Sie wollen oder wofür Sie sind. Dadurch verstärken Sie die positive Absicht!

Wenn Sie „dagegen“ denken und „dagegen“ sprechen, verdeutlichen Sie etwas, von dem Sie wegkommen wollen, geben aber keinerlei Hinweis darauf, was Sie tatsächlich wollen. Denken und sprechen Sie zielorientiert. Sagen Sie z. B.:

➔ Ich bin dafür, dass .... Nicht: Ich bin dagegen, dass ....

Einige Beispiele sollen Ihnen verdeutlichen, wie dieser theoretische Ansatz umgesetzt werden kann.

Beispiel 1

Ihr Arzt sagt Ihnen, dass Sie übergewichtig sind.
Falscher Dagegen-Ansatz: Um Gottes willen, ich muss schleunigst etwas dagegen tun.
Diese Formulierung ist negativ besetzt. Sie stimmen dem Problem wohl zu, Sie wollen auch weg von diesem Problem, geben aber nicht an, welches konkrete Ziel Sie anstreben und was Sie zur Erlangung dieses Ziels tun wollen.
Richtiger Dafür-Ansatz: Das ist richtig. Ich muss abnehmen! Ich will dafür jeden zweiten Tag laufen gehen und meine Mahlzeiten bewusst um die Hälfte reduzieren, damit ich innerhalb des nächsten Monats vier Kilo abnehme.
Diese Formulierung ist zielorientiert. Das konkrete Ziel ist, innerhalb des nächsten Monats vier Kilo abzunehmen, und Sie formulieren, was Sie dafür konkret unternehmen wollen!

Beispiel 2

Sie haben eine Prüfung zu bestehen, wissen, dass Sie bei Prüfungen immer äußerst nervös sind, und wenden sich daher an einen Apotheker, damit er Ihnen helfe.
Falscher Dagegen-Ansatz: Ich muss eine schwierige Prüfung absolvieren und bin bei Prüfungen immer so schrecklich nervös. Ich brauche unbedingt etwas gegen meine Nervosität!
Richtiger Dafür-Ansatz: Ich habe eine schwierige Prüfung zu absolvieren. Ich brauche unbedingt etwas für meine Beruhigung, für meine Ausgeglichenheit.

Beispiel 3

Ein Rechtsanwalt zu seinem Klienten, der kurz vor der Scheidung steht.
Falscher Dagegen-Ansatz: Vermeiden Sie doch die ständigen Streitereien mit Ihrer Frau! (Problemvermeidend orientiert.)
Richtiger Dafür-Ansatz: Erhalten Sie sich eine gute Gesprächskultur mit Ihrer Frau, das ist sehr wichtig! (Zielorientiert.)

In der Power-Sprache spricht man nicht das Problem an, das man hat, da man nämlich in der negativ besetzten Denkschiene sprechen würde, sondern geht einen Schritt weiter, überlegt sich das positive Ziel und spricht dieses an. Eine positiv besetzte Wortwahl stellt sich unmittelbar ein.

Übung ✓

Formulieren Sie folgende Beispiele um. Der beigefügte Lösungsteil zeigt Ihnen, ob Sie mit Ihren Varianten richtig liegen.

Der Lehrer zu seinen Schülern:	Dagegen-Variante: Eure Klassengemeinschaft ist eine Katastrophe. Ihr sollt euch nicht immer beschimpfen! Dafür-Variante: .... Lösungsvariante: Eure Klassengemeinschaft ist derzeit nicht das, was sie sein sollte! Unterstütz euch gegenseitig, nur so könnt ihr eure Aufgaben leichter bewältigen und euren Schulalltag zu einem angenehmen Miteinander werden lassen.
Der Arzt zu seinem Patienten:	Dagegen-Variante: Sie sollten sich weniger stressen. Der Stress macht Sie krank! Dafür-Variante: .... Lösungsvariante: Führen Sie ein ausgeglicheneres Leben, planen Sie in Ihrem Alltag Zeit für sich selbst ein, für Ihre Erholung, für Ihren Spaß!
Der Schüler zu seinem Lehrer:	Dagegen-Variante: Ich habe bei den Schularbeiten immer so große Angst! Zu Hause weiß ich noch alles, und wenn ich dann die Schularbeit schreiben soll, fällt mir nichts mehr ein. Was kann ich dagegen tun? Dafür-Variante: ....

Lösungsvariante: Ich habe bei den Schularbeiten immer so große Angst! Zu Hause weiß ich noch alles, und wenn ich dann die Schularbeit schreiben soll, fällt mir nichts mehr ein. Was kann ich für das Aufrechterhalten meiner inneren Ruhe und Ausgeglichenheit tun?

Probieren Sie weitere Varianten aus! Schreiben Sie Varianten aus Ihrem Alltagsleben auf, die problemorientiert sind, und wandeln Sie sie in zielorientierte Sprachvarianten um!

Streichen Sie bestimmte Worte/Redewendungen sowie Verallgemeinerungen

Worte wie nie, immer, niemand, keiner, alle, jeder, überall ... sollten Sie vermeiden. Durch solche Verallgemeinerungen werfen Sie alles in einen Topf, schränken Ihre Sichtweise und eine positive Erwartungshaltung stark ein.
Ersetzen Sie: „Du bist nie pünktlich!" durch: „Was hat dich heute aufgehalten, sodass du zu spät kommst?"
Ersetzen Sie: „Ich muss immer alles alleine machen! Keiner hilft mir!" durch: „Diesmal erledige ich gerne diese Aufgabe alleine, da komme ich auch rascher vorwärts!" (Ein angefügter Vorteil erhöht den Anreiz!)
Streichen Sie Redewendungen wie:

- ➔„Ehrlich gesagt" (Vermittelt den Eindruck, als sagten Sie sonst nicht die Wahrheit.)
- ➔„Eigentlich" (Füllwort, das nichts aussagt! Sie verwenden ja auch nicht das Gegenteil „uneigentlich". Zum Beispiel: Ich kann das eigentlich nicht! Können Sie es uneigentlich?)
- ➔„Nur", „bloß" (Das sind Worte, die jegliche Wirkung einer Aussage mindern! Sie haben daher in der Power-Sprache nichts verloren! Zum Beispiel: „Ich sage doch bloß meine Meinung!" Ist Ihre Meinung denn nichts wert? Haben Sie normalerweise keine Meinung?)
- ➔„Ich weiß nur, dass ..." (Wissen Sie sonst nichts?)

➔ „Doch" im Sinne einer negativen Verstärkung: „Das kannst du mir doch nicht antun!"

Wenn Sie unbedingt Ablehnung ausdrücken wollen, dann tun Sie es in abgeschwächter Form, die noch Perspektiven für den anderen offen lässt!

Verwenden Sie immer eine motivierende Negation

So-nicht-Beispiel: Was Sie gerade gesagt haben, ist schlichtweg falsch.
So-Beispiel: Was Sie da gerade gesagt haben, entspricht so nicht den Tatsachen ...

So-nicht-Beispiel: Sie haben Ihr Ziel verfehlt.
So-Beispiel: Sie haben so Ihr Ziel nicht ganz erreicht.

So-nicht-Beispiel: Da muss ich Ihnen widersprechen.
So-Beispiel: Da kann ich Ihnen leider nicht ganz zustimmen.

Arbeiten Sie mit versteckten Botschaften

Bei der **motivierenden Negation** können Sie gleich einen zusätzlichen Trick anwenden, nämlich den der **versteckten Botschaft.** Verwenden Sie anstelle des verneinenden Wortes, des Wortes, das die Negation unmittelbar ausspricht – wie oben etwa das Wort **„widersprechen"** –, das positive Gegenwort, das eine Zustimmung vermittelt, und kombinieren Sie es mit dem Negationswort „nicht". Also: **nicht zustimmen!** Ihr Gesprächspartner nimmt nämlich beim Hören die zugefügte Verneinung erst im zweiten Gedankengang wahr. Zuerst hört er das Verb, das positiv besetzte Zustimmungswort, erst danach wird die Beifügung „nicht" registriert, wodurch die Wirkung der Negation abgeschwächt, nicht mehr so schroff wahrgenommen wird:

Beispiel: Denken Sie jetzt nicht an einen grünen Frosch!
Wie haben Sie nun unmittelbar reagiert? Haben Sie sich tatsächlich nicht einen grünen Frosch vorgestellt? Nein, Sie haben sich einen grünen Frosch vorgestellt, denn der erste Befehl, den Ihr Gehirn wahrgenommen hat, war der, an einen grünen Frosch zu denken. Dann erst wurde der Zusatzbefehl erkannt, nämlich dass Sie eben nicht an diesen grünen Frosch denken sol-

len. Sie sehen also, wir können nicht „nicht denken“! Wir müssen uns zuerst einmal etwas vorstellen, um dann diese Vorstellung – je nach Befehl – bearbeiten zu können, eben sie auszuführen oder zu vermeiden.
Diese gedankliche Hierarchie können Sie nutzen – wie vorhin aufgezeigt wurde –, um Negationen abzuschwächen. Sie können sie bewusst vermeiden, um Befehle leichter erfüllbar zu machen. Damit sind in erster Linie Befehle gemeint, die Sie sich selbst geben.

Beispiel
Sie wollen abnehmen und sagen sich (gedanklich) immer wieder: Ich will *nicht* essen! Ich habe **keinen** Hunger!

Was tun Sie, wie reagieren Sie auf solche Befehle? Sie müssen auf diese Befehle hin immer intensiver ans Essen denken, Sie haben mehr Appetit bekommen! Je öfter Sie sich diese Befehle geben, desto stärker manifestieren Sie in sich die Gier nach Essen, weil das *Nicht* immer erst in zweiter Instanz wahrgenommen wird, das Verb „essen“ selbst gräbt sich aber in Ihrem Unterbewusstsein ein. Für das obige Beispiel sagen Sie daher nicht: Ich will nicht essen!, Ich habe keinen Hunger!, sondern sagen Sie: Ich bin satt!

Üben Sie diese Sequenz für sich ganz besonders, da sie für das Gelingen von internen Befehlen von entscheidender Bedeutung ist. Das, was Sie denken, das, was Sie sprechen, das setzen Sie auch in Ihren Taten um.

Übung ✓

Folgende Beispiele und deren gedankliche Umformulierungen sollen Ihnen helfen, auf diese motivierende Schiene zu gelangen!

So-nicht-Beispiel: Ich will nicht mehr faul sein!
So-Beispiel: Ich will fleißig sein!/Ich will engagiert sein!/Ich will beruflich aktiv durchstarten!

So-nicht-Beispiel: Ich will Sie nicht ärgern!
So-Beispiel: Ich will offen mit Ihnen über alles reden!/Ich will Ihnen das klar darlegen!

So-nicht-Beispiel: Wir sollten nicht darüber reden!
So-Beispiel: Sprechen wir die Thematik genau an!/Bringen wir es auf den Punkt!

Versuchen Sie jetzt wieder, selbst umzuformulieren. Anhand der beigefügten Lösungsvarianten können Sie Ihre Ergebnisse überprüfen:

Beispiel: Ich will nicht mehr zu spät kommen.
Umformulierungen: Ich will ab jetzt pünktlich sein. Ich will ab jetzt mein Time-Management im Griff haben.

Beispiel: Ich will keine Angst mehr haben.
Umformulierungen: Ich traue mir alles zu. Ich fühle mich innerlich stark und habe großes Selbstvertrauen.

Beispiel: Das ist kein Problem!
Umformulierungen: Das geht in Ordnung!

Sie sehen also, wenn Sie versuchen, „nicht", „kein" aus Ihrem Vokabular zu streichen, wird Ihre Sprache automatisch positiver!

Vermeiden Sie Wendungen mit „nicht", „kein"!

Ersetzen Sie folgende Wendungen:

- ➔ Bitte verstehen Sie mich nicht falsch ...
- ➔ Bitte vergessen Sie nicht ...
- ➔ Bitte verlieren Sie das nicht aus den Augen ...
- ➔ Mit diesem Termin habe ich keine Schwierigkeiten ...
- ➔ Ihr Vorschlag ist wirklich nicht schlecht ...

durch:

- ➔ Bitte verstehen Sie mich richtig ...
- ➔ Bitte denken Sie an ...
- ➔ Bitte behalten Sie im Auge ...
- ➔ Diesen Termin kann ich locker einhalten ...
- ➔ Ihr Vorschlag ist wirklich gut ...

Nutzen Sie die Taktik der versteckten Befehle!

Dabei formulieren Sie Ihre feste Erwartung in verneinter Form. Unterstreichen Sie Ihre Erwartung durch lauteres Sprechen oder nonverbal durch eine entsprechende Gestik, die Ihr Gegenüber automatisch beeinflusst. Auf diese Weise kommt genau die Erwartung, die Sie vermeintlich – aufgrund des Verneinungswortes – nicht haben, bei Ihrem Gegenüber an.

Beispiele:
Ich möchte **nicht** (leiser gesprochen), dass Sie das **akzeptieren** (lauter gesprochen, eventuell mit angedeutetem Kopfnicken), bevor Sie alle Informationen haben.
Ich glaube **nicht**, dass Sie diese für Sie sehr wertvollen Vorteile **jetzt schon erkennen.**
Ich bin mir **nicht** sicher, ob ich Sie **jetzt schon** für dieses großartige Projekt **gewinnen** kann.
Denken Sie bitte **nicht** gleich an **Ihre Gewinne**, die Sie durch diese Anlegeform erzielen können.

Verwenden Sie „So nicht“ statt „Nein“!
Das Wort „nein“ drückt – so wie das Wort „falsch“ – eine unumstößliche Negativ-Wendung, d. h. eine endgültige Ablehnung aus, was in der Power-Sprache, die auf Konsens abzielt, vermieden werden muss!

So-nicht-Beispiel: Nein, das machen wir nicht!
So-Beispiel: Das können wir so nicht machen!

So-nicht-Beispiel: Ihre Idee ist nicht realisierbar!
So-Beispiel: Ihre Idee ist so nicht/jetzt nicht/in dieser Form nicht realisierbar!

So-nicht-Beispiel: Ich habe dafür keine Zeit!
So-Beispiel: Ich habe dafür im Moment keine Zeit!

Übung ✓

Formulieren Sie nun folgende Beispiele um. Anhand der beigefügten Lösungsvarianten können Sie Ihre Ergebnisse überprüfen:

Beispiel: Das gefällt mir nicht!
Lösungsvariante: Das gefällt mir in dieser Art und Weise nicht!

Beispiel: Sie haben Ihr Ziel nicht erreicht!
Lösungsvariante: Sie haben Ihr Ziel in dieser Form noch nicht erreicht!

Beispiel: Das können Sie doch nicht behaupten!
Lösungsvariante: Das können Sie doch in dieser Art und Weise nicht behaupten!/Das meinen Sie doch nicht wirklich in diesem Kontext!

Wie auch immer Ihre Varianten ausfallen, der Trick dabei muss immer sein, bei einem Nein zu bleiben, dieses aber durch einen Zusatz abzuschwächen, in seiner Unumstößlichkeit zu entkräften, sodass ein weiteres Handeln sowie Verhandeln möglich bleibt: Formulieren Sie Ihre Ablehnung so, dass eine „Hintertüre" offen bleibt, damit der andere seine Ansicht ohne Gesichtsverlust ändern kann.

Verwenden Sie „schon" statt „erst"

Das Wort „erst" – wenn es nicht zeitlich gemeint ist – wirkt einschränkend und dadurch behindernd! Gerade aber, wenn es einmal „eng" wird, zählt eine motivierende innere Einstellung – verbal ausgedrückt – umso mehr!

So-nicht-Beispiel: O je, ich habe erst ein Drittel meiner Aufgabenstellung bewältigt!
So-Beispiel: Fein, ich habe immerhin schon ein Drittel meiner Aufgabenstellung bewältigt!

So-nicht-Beispiel: Trotz meines Hungerns habe ich erst drei Kilo abgenommen!
So-Beispiel: Super, ich habe schon drei Kilo abgenommen!

Durch das Wörtchen „erst" beachten Sie nur das, was Sie bislang nicht erreicht/nicht gemacht haben. Sie blicken zurück und können sich daher nicht über das schon Erreichte freuen. Sich selbst bzw. den anderen motivieren können Sie jedoch nur, wenn Sie nach vorne blicken, wenn Sie – gemäß der Power-Sprache – zielorientiert denken und sprechen.

Verwenden Sie: „Ab sofort werde ich ...!“ statt: „Hätte ich bloß ...!“

Mit der Formulierung „Hätte ich (bloß) ...!“ beklagen Sie Vergangenes. Sie blicken also wieder zurück! Vergangenes aber ist vergangen, lässt sich nicht umkehren, lässt sich nicht wieder gutmachen, lässt sich nicht verändern. Wenn Sie in der Vergangenheit hängen bleiben, behindern Sie sich selbst, stehen Sie Ihrer Zukunft selbst im Weg. Wollen Sie das denn? Wohl kaum! Dann vermeiden Sie in die Vergangenheit gerichtete Redewendungen und ersetzen Sie diese durch positive, in die Zukunft gerichtete Phrasen.

So-nicht-Beispiel: Hätte ich bloß 5 % mehr Abschlüsse gemacht, dann wäre ich Erster geworden und hätte die volle Erfolgsprämie kassiert.
So-Beispiel: Ich bin richtig gut bei meinen Abschlüssen! Ich werde in Zukunft auf der Basis, die ich mir schon geschaffen habe, aufbauen und mich ab sofort noch mehr einsetzen und dadurch noch mehr Abschlüsse einbringen. Dann werde ich Erster sein!

So-nicht-Beispiel: Hätte ich bloß auf ihn gehört, dann wäre das nicht passiert!
So-Beispiel: Ab sofort werde ich Ratschlägen, die man mir erteilt, mehr Gehör schenken!

Konzentrieren Sie sich nicht durch Ihre Sprache auf begangene Fehler, die ohnehin nicht mehr zu revidieren sind, sondern definieren Sie lieber ein für die Zukunft geltendes Ziel!

Verwenden Sie „am/um“ statt „gegen“

Power-Sprache ist nicht nur eine positive, sondern auch eine konkrete Sprache, da sie zielorientiert ist! Daher vermeiden Sie schwammige, unkonkrete, nichts sagende Ausdrücke/Redewendungen!
Legen Sie sich und den anderen bei Terminvereinbarungen ganz konkret fest! Das wirkt Vertrauen erweckend! Sie vermitteln, dass man sich auf Sie verlassen kann, dass Sie keine Scheu haben, sich festzulegen!

So-nicht-Beispiel: Ich werde Sie gegen Ende der Woche anrufen. Wir hören telefonisch voneinander. Oder: Wir telefonieren.
So-Beispiel: Ich rufe Sie am Freitag um 13 Uhr an. Wir telefonieren am Mittwoch um 20 Uhr.

Verwenden Sie W-Fragen statt Ob-Fragen!

Ob-Fragen sind geschlossene Fragen. Sie lassen als Antwort nur noch ein Ja oder ein Nein zu. Um konkrete Antworten zu bekommen, müssen Sie auch konkrete Fragen stellen. Wandeln Sie daher die Ob-Fragen, die geschlossenen Fragen, in W-Fragen um, also in solche, die mit einem Fragewort wie Wer?, Was?, Wann?, Wie?, Warum? ... eingeleitet werden.

So-nicht-Beispiel: Gehst du mit mir ins Kino?
So-Beispiel: Wann in dieser Woche gehst du mit mir ins Kino?

So-nicht-Beispiel: Darf ich mich bei Ihnen wieder melden?
So-Beispiel: Wann darf ich mich bei Ihnen wieder melden?

So-nicht Beispiel: Gibt es Ihrerseits noch Fragen?
So-Beispiel: Welche Fragen sind Ihrerseits noch offen?

So-nicht-Beispiel: Kann ich Ihnen helfen?
So-Beispiel: Wie kann ich Ihnen helfen?

Verwenden Sie eine möglichst genaue Fragetechnik, besonders wenn Sie Befindlichkeiten abfragen!

Setzen Sie zu dem Fragewort „Wie?“ noch ein *Adverb* hinzu: Fragen Sie besser „Wie gut/wie sehr?“ statt „Wie?“ Damit hinterfragen Sie einen Umstand genauer!

So-nicht-Beispiel: Wie hat es Ihnen gefallen?
So-Beispiel: Wie sehr hat es Ihnen gefallen?

So-nicht-Beispiel: Wie hat es dir geschmeckt?
So-Beispiel: Wie gut hat es dir geschmeckt?

Durch das Hinzufügen eines positiv besetzten Adverbs suggerieren Sie darüber hinaus eine positive Einstellung zu dem hinterfragten Umstand/Sachverhalt! Diese Taktik lässt sich natürlich nicht nur auf das Fragewort „Wie?“ anwenden, sondern auf sämtliche Fragewörter!

So-nicht-Beispiel: Welche Fragen haben Sie noch?
So-Beispiel: Welche dringende Fragen haben Sie noch?

So-nicht-Beispiel: Welchen Vorschlag haben Sie zur Verbesserung ...?
So-Beispiel: Welchen besonderen/konkreten Vorschlag haben Sie ...?

So-nicht-Beispiel: Wie finden Sie meine Idee?
So-Beispiel: Wie interessant finden Sie meine Idee?

Sie merken, dass man ein Gespräch, eine Frage leicht in eine bestimmte Richtung – in der Power-Sprache in eine positive Richtung – steuern kann! Die Power-Sprache überlässt nichts dem Zufall! Wer Power-Sprache anwendet, dem ist es nicht egal, ob überhaupt und welche Information er bekommt, sondern er steuert durch seine Fragetechnik die Antwort des Befragten in eine ganz bestimmte Richtung, nämlich auf das Ziel des Fragenden zu! Daher müssen Sie auch dem W-Fragewort ein zielsetzendes Wort hinzufügen! Dieses eine zielgesteuerte Wort reicht aus, um die Antwort in die gewünschte Richtung zu lenken! Sie lenken die Gedanken des Befragten weg von seiner ursprünglichen Absicht/Einstellung und steuern sie bei der Beantwortung hin zu der von Ihnen gewünschten Bedeutung!

Vermeiden Sie nichts sagende Verben wie „haben", „sein", „werden", „machen", „tun", „können", „sich beschäftigen" ...

Werden Sie nicht nur beim Einsatz der Fragewörter konkreter, sondern überhaupt bei Ihrer Wortwahl, ganz besonders bei den Verben. Ersetzen Sie nichts sagende Verben durch aussagekräftige. Präzise Begriffe erfordern präzise Stellungnahmen! Unspezifische Begriffe hingegen lassen einen breiten – für ein effizientes Gespräch oft zu breiten – Spielraum für Deutungen zu.

Wer Power-Sprache anwendet, hat den Mut sich festzulegen, stellt gerade durch das bewusste Konkretseinwollen, durch das Sich-festlegen-Wollen eine starke Persönlichkeit unter Beweis.
Wer Power-Sprache spricht, der äußert seine Ziele, Wünsche, Vorstellungen präzise, denn gerade dadurch wird ein positives Entgegenkommen des anderen erleichtert.

So-nicht-Beispiel: Wir **machen** es uns wirklich nicht leicht.
So-Beispiel: Wir haben uns noch nicht **entschieden**.

So-nicht-Beispiel: Hast du dich schon an die Hausaufgaben gemacht?
So-Beispiel: An welcher Aufgabe schreibst du gerade?

So-nicht-Beispiel: Wir tun, was möglich ist!
So-Beispiel: Wir **liefern** so rasch als möglich!

So-nicht-Beispiel: Dein Vorschlag beschäftigt mich!
So-Beispiel: Ich prüfe das Für und Wider deines Vorschlages!

Vermeiden Sie Druck erzeugende Worte!

Motivation – egal, ob Selbst- oder Fremdmotivation gemeint ist – lässt sich leichter erreichen, wenn Sie Stress erzeugende Begriffe vermeiden! Verwenden Sie daher positiv formulierte, eine freie Entscheidung offen lassende Begriffe:

Ich werde/ich will/möchte gerne		
Ich empfehle Ihnen/dir		Sie sollten/Sie müssten
Ich bitte Sie/dich	statt	
Ich bin Ihnen/dir dankbar		Du solltest/du musst
Ich freue mich		

Begriffe wie: „müssen", „sollen" erzeugen Druck, suggerieren Zwang, Fremdbestimmung.
Was man tun muss, tut man meist auch nicht gerne, von Motivation keine Spur. Sobald Druck von jemandem genommen wird, verringert sich auch die Bereitschaft zum Widerspruch.

Sie selbst betreffend:

So-nicht-Beispiel: Ich muss mir das noch überlegen!
So-Beispiel: Ich werde/will mir das noch überlegen!

So-nicht-Beispiel: Ich muss mir Ihre Unterlagen holen!
So-Beispiel: Ich möchte mir gerne Ihre Unterlagen holen!

So-nicht-Beispiel: Ich muss das noch klären, bevor ich mich entscheide!
So-Beispiel: Ich möchte das gerne noch klären, ...

Den anderen betreffend:

So-nicht-Beispiel: Sie sollten sich bald entscheiden!
So-Beispiel: Ich empfehle Ihnen, sich bald zu entscheiden!

So-nicht-Beispiel: Du musst mir vertrauen!
So-Beispiel: Ich bitte dich, mir zu vertrauen!
So-nicht-Beispiel: Du solltest an mich glauben!
So-Beispiel: Ich bin dir dankbar, wenn du an mich glaubst!

Bitte bedenken Sie zudem, dass der Konjunktiv Präteritum immer eine Vermutung ausdrückt, von der Sie annehmen, dass sie unerfüllbar sei. Wenn Sie daher die Konjunktiv-Präteritum-Varianten „sollten/solltest", „müssten/müsstest" anwenden, dann suggerieren Sie zugleich, dass Sie von der Erfüllbarkeit nicht überzeugt sind.

Verwenden Sie „Ich/du", „Sie/wir" statt „man/es"

Werden Sie persönlich, dann können Sie auch konkrete Botschaften aussenden. Anstelle des unpersönlichen Fürwortes „man" bzw. des unpersönlichen „es" sollten Sie persönliche Fürwörter wählen:

So-nicht-Beispiel: Man sollte sich darum kümmern ...
So-Beispiel: Ich/Herr XY/Frau XY soll/will sich darum kümmern ...

So-nicht-Beispiel: Es ist wichtig, im Leben weiterzukommen!
So-Beispiel: Für mich/Sie ist es wichtig, im Leben weiterzukommen!

So-nicht-Beispiel: Es ist nicht ersichtlich, wer daran schuld ist!
So-Beispiel: Für mich ist es nicht ersichtlich, ...

Verwenden Sie „Sie/du/wir" statt „ich"

Werden Sie am besten noch persönlicher. Bedenken Sie, dass Sie für eine Gesprächssituation immer einen Gesprächspartner brauchen. Was ist daher persönlicher, als diesen direkt ins Gespräch einzubinden, ihn direkt anzusprechen, ihn – anstelle der eigenen Person – in den Vordergrund zu stellen? Reden Sie wirkungsbezogen! Reden Sie adressbezogen! Reden Sie so, dass der andere seinen Nutzen gleich erkennt! Dies gelingt, wenn Sie die Wir/Sie-Form anwenden. Es geht um unsere/Ihre Vorstellungen, Wünsche. Sie sind/du bist wichtig! Das motiviert!

So-nicht-Beispiel: Ich zeige Ihnen jetzt den Vorgang!
So-Beispiel: Sehen wir uns jetzt den Vorgang gemeinsam an!

So-nicht-Beispiel: Ich brauche noch Ihre Anschrift.
So-Beispiel: Bitte geben Sie mir Ihre Anschrift!

So-nicht-Beispiel: Ich werde das noch heute klären.
So-Beispiel: Wir kommen heute noch zu einer gemeinsamen Lösung.

Arbeiten Sie mit versteckten Power-Impulsen

Wenn Sie Power-Sprache einsetzen wollen, dann ist die Grundvoraussetzung Ihre richtige, Ihre positive Einstellung hinsichtlich des Zieles! Ihre Wirkung auf Menschen und der Erfolg Ihres Überzeugenkönnens hängen ganz besonders von Ihrer inneren Einstellung, von Ihrer Erwartungshaltung ab.
Wenn Sie vom Erreichen Ihres Zieles überzeugt sind, dann werden Sie auch die richtigen, die positiv besetzten Worte finden, um Ihren Gesprächspartner mit Ihrer positiven Energie mitzureißen.
Je sicherer Sie sich Ihrer Ziele sind und je mehr Sie von einer positiven Reaktion des anderen überzeugt sind, desto eher werden sich Ihre Wünsche, Vorstellungen erfüllen, desto eher gelingt es Ihnen, Ihren Gesprächspartner verbal zu erreichen.
Dieses doppelte Überzeugtsein, nämlich dass Sie Ihr Ziel erreichen und dass der andere sich so verhält, wie Sie es erwarten, ist das Geheimnis des Erfolgs. Gerade die Überzeugung, dass der andere sich so verhält, wie Sie wollen, ist von ganz besonderer Wichtigkeit. Denn Sie können noch so sehr an Ihr Ziel glauben, wenn Sie nicht von der Bejahung durch den anderen überzeugt sind, wird sich Ihr Wunsch nicht oder nicht so leicht erfüllen. Ihre Gefühle, Ihre innere Überzeugung steuern Ihre Worte und Ihre Taktiken.

Die Taktik der Powersprache

Geben Sie also positiv besetzte Impulse. Stellen Sie Positives in Aussicht und verknüpfen Sie diese positiv besetzten Botschaften mit den eher negativ besetzten Forderungen. Es gibt zwei Wege, die Sie dabei beschreiten können:

1. Weg: Stellen Sie die Forderung auf, dass das Negative erfüllt werde, damit man sich dann – endlich – dem Positiven zuwenden könne. Arbeiten Sie mit dem Druck, der von dem Zeitbegriff ausgeht. Je rascher das Negative erledigt wird, desto eher kann man sich dem Positiven zuwenden. Sie setzen dabei auch den Trick der Belohnung ein, da das Positive ja nach Erfüllung des Negativen in Aussicht gestellt wird. Verwenden Sie Formulierungen wie:

- Sobald – ... „Negatives" ... – erledigt ist, können wie uns – ... „Positivem" ... – zuwenden!
- Gleich nachdem wir ..., machen wir ...!
- Wenn festgelegt ist, dass ..., dann...!

2. Weg: Stellen Sie das Positive an die erste Stelle, und damit den Nutzen, die Belohnung, sodass danach das Lästige möglichst rasch erfüllt werde. Betonen Sie bei dieser Vorgehensweise besonders den Vorteil, den Nutzen, streichen Sie den Genuss hervor und stellen Sie anschließend das Negative eher als Kleinigkeit dar, die es eben noch rasch zu erfüllen gilt. Verwenden Sie Formulierungen wie:

- Bevor wir uns – ... „Positivem" ... – zuwenden können, klären wir ...!
- Bevor Sie in den Genuss von ... kommen, sollten wir ...!

Wie bei den Suggestivfragen können Sie natürlich auch **mit positiven Formulierungen arbeiten**, die sich bewusst und direkt auf Ihr Gegenüber beziehen und den Gesprächspartner absichtlich positiv von anderen, von der Masse abgehoben erscheinen lassen.
Denken Sie dabei an Wendungen wie:

- Sie als Profi ...
- Sie als Fachmann ...
- Jeder weiß, dass Sie in Ihrem Fach von niemandem zu schlagen sind!

Gehen Sie immer von einer Zustimmung aus! Verwenden Sie dabei Formulierungen wie:

- Bevor Sie sich entscheiden, fassen wir die wichtigsten Punkte zusammen.
- Wenn Sie sich entschieden haben, werden Sie ...!
- Sobald Sie sich entschieden haben, werden Sie ...!
- Wenn wir festgelegt haben ..., dann können Sie ...!

Sie sehen also, dass man mit Power-Sprache nicht nur zu motivieren versteht, sondern dass man damit auch „austricksen" kann.

Checkliste: Power-Sprache auf einen Blick

- **Emotional positiv besetzte Worte statt emotional negativ besetzte Worte**
  Nicht: Das ist ein riesiges Problem! Sondern: Das ist eine Herausforderung!
- **Emotional positiv besetzte Worte statt emotional neutral besetzte Worte**
  Nicht: Ich kann dir ja dabei helfen! Sondern: Ich will dich dabei mit all meinen Kräften und meinem Wissen unterstützen!
- **„Und“ statt „aber“, „doch“, „jedoch“, „trotzdem“ ...**
  Nicht: Ich verstehe dich, aber mach dir keine Sorgen, du wirst das schon schaffen! Sondern: Ich verstehe dich, weiß, dass du dir Sorgen machst, **und** bin davon überzeugt, dass du das schaffst!
- **„Dafür“ statt „dagegen“**
  Nicht: Ich brauche etwas gegen meine Nervosität! Sondern: Ich brauche etwas für meine innere Ausgeglichenheit!
- **Streichen von Verallgemeinerungen wie „nie“, „keiner“, „alle“, „immer“**
- **Streichen von Wendungen wie „ehrlich gesagt“/„eigentlich“/ „nur“/„bloß“/schroffem „doch“/„falsch“**
- **Versteckte Botschaften einsetzen**
- **Umwandlung von Negativwort in positiv besetztes Wort mit „nicht“:**
  Nicht: widersprechen, sondern: nicht zustimmen
- **Positive Formulierungen statt Nicht-Botschaften:** Nicht: Ich habe keinen Hunger! Sondern: Ich bin satt!
- **Taktik des versteckten Befehls,** eingeleitet mit Negation und unterstrichen durch Betonung und Gestik: Ich glaube nicht, dass Sie die Vorteile für sich jetzt schon erkennen!
- **„So nicht“ statt „nein“**
  Nicht: Ihr Vorschlag ist nicht realisierbar! Sondern: Ihr Vorschlag ist so nicht/in dieser Form nicht realisierbar!
- **„Schon“ statt „erst“**
  Nicht: Ich habe erst drei Kilo abgenommen! Sondern: Ich habe schon drei Kilo abgenommen!

- ➔ **„Ab sofort werde ich ...!“ statt „Hätte ich bloß ...“**
  Nicht: Hätte ich bloß darauf gehört, dann wäre das nicht passiert! Sondern: Ab sofort werde ich Ratschläge befolgen!
- ➔ **„Am“/„um“ statt „gegen“**
  Nicht: Ich werde gegen Ende der Woche anrufen! Sondern: Ich rufe am Freitag um 13 Uhr an!
- ➔ **W-Fragen statt Ob-Fragen**
  Nicht: Gehst du mit mir ins Kino? Sondern: Wann gehst du mit mir ins Kino?
- ➔ **„Wie gut?“/„Wie sehr?“/„Wie dringend?“/„Wie wichtig?“ statt „Wie?“**
  Nicht: Wie hat dir der Film gefallen? Sondern: Wie gut hat dir der Film gefallen?
- ➔ **Kombination von weiteren W-Fragen mit Adverb/Adjektiv**
  Nicht: Welchen Vorschlag haben Sie noch? Sondern: Welch besonderen Vorschlag haben Sie noch?
- ➔ **Sinntragende Verben statt unspezifische**
  Nicht: Dein Vorschlag beschäftigt mich! Sondern: Ich prüfe die Für und Wider deines Vorschlages!
- ➔ **„Ich werde“/„Ich will“/„Ich möchte gerne“ statt „Ich muss“**
  Nicht: Ich muss mir das noch überlegen! Sondern: Ich werde mir das noch überlegen!
- ➔ **„Ich empfehle“/„Ich bitte“/„Ich bin dankbar für“ statt „Sie sollten/müssten“ bzw. „Du solltest/du müsstest“**
  Nicht: Du musst mir vertrauen! Sondern: Ich bin dir dankbar, dass du mir vertraust!
- ➔ **„Ich“/„du“/„Sie“/„wir“ statt „man“, „es“**
  Nicht: Man sollte sich darum kümmern! Sondern: Ich kümmere mich darum!
- ➔ **„Sie“/„du“/„wir“ statt „ich“**
  Nicht: Ich zeige Ihnen jetzt den Vorgang! Sondern: Sehen wir uns jetzt den Vorgang gemeinsam an!
- ➔ **Versteckte Power-Impulse geben**
  Einsetzen von positiven Suggestivformulierungen. Ausgehen von Zustimmung. Betonung des Positiven, um das Negative als rasch zu erfüllende Kleinigkeit darzustellen.

5 FRAGETECHNIKEN

Wer fragt, der führt! „Fragezeichen“-Menschen sind die besseren Rhetoriker. Wer geschickt fragt,

- erfährt von anderen mehr,
- kann das Gespräch in eine bestimmte Richtung lenken,
- lässt den anderen in einem bestimmten Licht erscheinen.

Grundsätzlich unterscheidet man zwei Gruppen von Fragen: die geschlossenen und die offenen Fragen.

Geschlossene Fragen werden auch Entscheidungsfragen genannt. Mit Entscheidungsfragen verdeutlichen Sie eine klare Position, bestätigen Entscheidungen und Feststellungen. Außerdem fragen Sie damit Fakten ab und präzisieren Daten. Geschlossene Fragen engen die Antwortmöglichkeiten des Befragten auf ein Ja oder Nein ein. Sie werden auch Ob-Fragen genannt.

Beispiel
Frage: Kaufst du nun dieses Buch?
Antwort: Ja.

Frage: Wurde das Bühnenstück „Der Besuch der alten Dame“ von Goethe geschrieben?
Antwort: Nein!

Frage: Sind Sie österreichischer Staatsbürger?
Antwort: Ja!

Geschlossene Fragen werden sehr oft am Schluss einer Verhandlung eingesetzt, wenn man glaubt, dass der Gesprächspartner genügend Informationen besitzt und eine Entscheidung treffen will.
Wenn mehrere geschlossene Fragen gezielt hintereinander gestellt werden, kann der Gesprächspartner leicht in eine Kreuzverhörsituation gezwungen werden. Wer sich darauf einlässt, muss sehr genau hinhören und präzise überlegen, wozu er zustimmt bzw. was er verneint, denn bei einer solchen Fragetechnik kann er sich sehr leicht in Widersprüchlichkeiten verstricken.

Gegenstrategie: Wenn Sie sich in einer Kreuzverhörsituation befinden, sprechen Sie diese Taktik offen an und schießen Sie mit einer Gegenfrage zurück:

- Was wollen Sie? Ich befinde mich hier nicht vor Gericht!
- Diese Frage lässt sich nicht einfach mit Ja oder Nein beantworten, so wie Sie sich das vorstellen!
- Sie sind aber doch wohl an einer wahren Beantwortung interessiert?

Offene Fragen lassen dem Befragten ein breiteres Antwortspektrum zu. Er kann seine Antwort ausführlich, erklärend, erzählend, begründend darlegen. Solche Fragen werden häufig mit Fragewörtern wie: Wer?, Was?, Wie?, Warum?, Wann?, Wo?, Wodurch?, Mit welchen Folgen? ... eingeleitet und heißen daher auch W-Fragen. Sie sind geeignet, dem Gesprächspartner gewissermaßen die Zunge zu lösen, mehr Informationen aus ihm herauszuholen, sie sind aber auch das Herzstück jeglicher verbaler Verteidigung bzw. jeglichen verbalen Angriffs.
Eine häufig angewandte **Taktik** ist es, den Gesprächspartner zum Reden zu bringen, sich ein schwaches Detail aus der Informationskette herauszupicken, die Schwäche dieses Details hervorzuheben und so nachzuweisen, dass die ganze Argumentation des anderen nicht stimmig ist.
Eine **weitere Taktik** besteht darin, die Argumentation des Gesprächspartners teilweise zu bekräftigen, ihn in Sicherheit zu wiegen und dann die ganze Argumentationskette abrupt durch hartnäckige, unmittelbar hintereinander gestellte W-Fragen ins Wanken zu bringen. Diese Verunsicherungstaktik kann noch verstärkt werden, wenn die W-Fragen durch entsprechende Mimik und Gestik unterstrichen werden. Durch Verunsicherung lässt man sich leicht aus dem Konzept bringen, wirkt nicht kompetent, nicht vertrauenswürdig.

Gegenstrategie: Lassen Sie sich nicht aus der Ruhe bringen, sondern setzen Sie sich sachlich zur Wehr:

- „Bitte warten Sie mit dieser Frage noch, ich möchte vorerst die eine beantworten ...!“ Dann lassen Sie die vom Gesprächspartner gestellten Fragen wiederholen, gehen aber immer nur auf eine Frage ein. Lassen Sie sich bei der Beantwortung nicht unterbrechen, sondern wehren

Sie mit Redewendungen wie „Bitte lassen Sie mich meine Ausführungen zu Ende bringen!“ oder „Lassen Sie mich aussprechen!“, „Ich bin mit meinem Statement noch nicht zu Ende ...“ ab. Wiederholen Sie diesen Vorgang unbeirrt für jede weitere gestellte Frage. Sie werden sehen, dass Ihr Kontrahent bald nicht mehr weiterbohrt.

➔ Dieselbe Gegenstrategie gilt, wenn man durch eine plötzliche Frage/Behauptung unterbrochen wird. Weisen Sie die Unterbrechung kurz mit Redewendungen wie „Einen Moment, bitte!“, „Später!“, „Wenn ich fertig bin ...“ zurück und führen Sie Ihre Behauptung in Ruhe zu Ende. Lassen Sie den Gesprächspartner danach seine Frage noch einmal wiederholen und gehen Sie dann erst darauf ein.

➔ Eine weitere **Abwehrtaktik** besteht darin, die eingeworfene Frage/Behauptung oder deren Hauptbegriff deutlich sichtbar auf ein Blatt Papier aufzuschreiben. Gehen Sie aber nicht gleich auf den Begriff ein, sondern sagen Sie etwa: „Ich komme gleich darauf zu sprechen!“
Diese Taktik vermittelt einerseits, dass Sie den Einwurf ernst nehmen, was zum Beispiel bei einem Verkaufs-, Klienten-, Patientengespräch sehr wichtig ist, andererseits können Sie Ihre weitere Argumentation in Hinblick auf diesen Begriff aufbauen.

In der Folge werden die unterschiedlichen offenen Fragetechniken vorgeführt. Gehen Sie die einzelnen Sequenzen genau durch und üben Sie die Taktiken anhand der angegebenen Beispiele. Kontrollieren Sie danach Ihr Können durch selbstständiges Formulieren und überprüfen Sie im Lösungsteil, ob Ihre Versionen richtig sind.

Unterstellungsfragen

Der Trick der Unterstellungsfrage liegt darin, eine Unterstellung in die Frage einzuflechten. Sie erwecken dadurch im Gesprächspartner das Gefühl, mehr zu wissen. Sie setzen bei Ihrer Frage einfach eine bestimmte Tatsache voraus und tun so, als ginge es Ihnen nur noch um deren Präzisierung. Der Gesprächspartner fühlt sich dadurch oft überführt und geht sogleich auf die Unterstellung bzw. deren Präzisierung ein.

Bei Unterstellungsfragen fragen Sie nicht, **ob** etwas zutreffe, sondern **warum, wann, wie** ... es zutrifft!

Beispiel
Fragen Sie nicht: Haben Sie Erfolg in Ihrem Job?
Fragen Sie: Was macht Sie so erfolgreich in Ihrem Job?

Sie können natürlich sowohl Positives als auch Negatives unterstellen. Eine positive Unterstellung, z. B. „Wieso sind Sie so beliebt?“, ist für den Befragten angenehm, und er wird die Frage bereitwillig beanworten, gleichgültig, ob er tatsächlich beliebt ist oder nicht. Durch eine positive Unterstellung haben Sie eine Atmosphäre des Vertrauens geschaffen.
Eine negative Unterstellung bewirkt umgekehrt eine Diskreditierung der anderen Person bzw. eine bewusste Verunsicherung. Sie fragen z. B.: „Warum kannst du niemals ehrlich sein?“ Gerade bei negativen Unterstellungsfragen ist es besonders wichtig, dass Sie richtig kontern, weil Sie sich dadurch aus der Verteidigungssituation in eine neutrale Position manövrieren können.
Die Unterstellungsfrage wirkt noch stärker, wenn Sie in die Frage bereits die Anzahl der Antworten einflechten.

Beispiel
Sie fragen nicht: Hat dir der Film gefallen?
Sie fragen:Welche drei Aspekte haben dir an dem Film besonders gefallen?

Der Gefragte wird sich, auch wenn ihm der Film nicht gefallen hat, allein schon durch die Vorgabe der gewünschten Anzahl von Antworten überlegen, welche Aspekte ihm zumindest akzeptabel erscheinen könnten. Sie haben ihn in einen engeren Beantwortungsmechanismus hineinmanövriert, und er wird auf die gestellte Frage genauer eingehen.
Die Wirkung der Unterstellungsfrage können Sie auch in der Weise erhöhen, dass Sie der Frage ein eigenes Szenario vorangehen lassen. Sie entwickeln also eine bestimmte Situation, schließen dann die Unterstellungsfrage an und setzen als nochmalige Verstärkung ein Schweigen hinzu. Das Schweigen simuliert Ihr Interesse an der Beantwortung.

Beispiel
Obwohl hinlänglich bekannt ist, dass das Rauchen gesundheitsschädigend ist, rauchen heutzutage auch immer mehr Frauen. (Szenario)
Wie viele Rauchpausen halten Sie eigentlich zwischen 9 und 12 Uhr, Frau Kollegin?

Gegenstrategie: Gehen Sie auf die Unterstellung einfach nicht ein.

Beispiel
Frage: Was interessiert Sie an dem Buch?
Antwort: Dieses Buch gefällt mir nicht!

Bei negativer Unterstellung erfolgt eine Begründung des Gegenteils:
Frage: Welche Schwächen haben Sie?
Antwort: Lassen Sie mich einmal über meine Stärken sprechen!

Übung ✓

Übung 1

Beispiele von Unterstellungsfragen mit möglichen Antworten:
1. Frage: Die Männer heutzutage sind alle Machos. (Szenario)
Fahren Sie auch alleine auf Urlaub, um neue Bekanntschaften zu schließen?
Antwort: Ich bin an keiner neuen Bekanntschaft interessiert.
2. Frage: Essen Sie kein Hauptgericht, weil Sie abnehmen wollen?
Antwort: Ich habe keine Gewichtsprobleme.
3. Frage: Welche drei Kriterien sind die wichtigsten, wenn du eine Frau kennen lernst?
Antwort: Ich bin mit meiner Frau so glücklich, dass ich am Kennenlernen fremder Frauen gar nicht interessiert bin.
4. Frage: Wie kommt es, dass Sie immer montags krank sind?
Antwort: Das ist absolut unrichtig, wenn Sie die Krankenstände genau durchsehen, würden Sie erkennen, dass dies eine absolute Unterstellung mir gegenüber ist.
5. Frage: So wie Sie heute wieder gekleidet und zurechtgemacht sind, kann man leicht erkennen, dass Sie immer die erste Geige spielen möchten. Warum wollen Sie eigentlich immer im Mittelpunkt stehen? (Fragender Blick, Schweigen)
Antwort: Schließen Sie immer von sich auf andere? (Fragender Blick zurück, Schweigen)

Übung 2

Es folgen nun fünf Unterstellungsfragen, auf die Sie auflösende Antworten finden sollen! Der anschließende Lösungsteil zeigt Ihnen, ob Sie auf der richtigen Fährte sind. Danach können Sie zur Vertiefung auch eigene Kombinationen entwerfen.

1. Frage: Was, glauben Sie, ist bei der Arbeit schiefgelaufen?
Antwort: ....
2. Frage: Nennen Sie mir drei Vorteile dieses Autos!
Antwort: ....
3. Frage: In welcher Art und Weise würden Sie gerne Ihr Äußeres verändern?
Antwort: ....
4. Frage: Heutzutage wollen die Leute immer weniger arbeiten. Warum halten eigentlich Sie die vorgeschriebene Dienstzeit nie ein?
Antwort: ....
5. Frage: Wie ist es so, wenn man keine Freunde hat? (Fragender Blick, Schweigen)
Antwort: ....

Lösungen:

1. Frage: Lassen Sie mich erklären, was alles gut gelaufen ist.
2. Frage: Dieses Auto bietet viel mehr Vorteile als nur drei.
3. Frage: Ich bin mit meinem äußeren Erscheinungsbild durchwegs zufrieden.
4. Frage: Das ist eine absolute Unterstellung. Wenn Sie die Stechuhr kontrollieren, würden Sie erkennen, dass ich sogar mehr als nur die vorgeschriebene Dienstzeit gearbeitet habe.
5. Frage: Ich habe Freunde, was ist mit Ihnen? (Verschmitztes Lächeln, Schweigen)

Feststellungsfragen

Wie die Unterstellungsfrage lassen sich fast alle Fragetypen mit einem vorangestellten Szenario kombinieren. Diese Taktik ist deshalb so effizient, weil der Befragte fast zwangsläufig auf die folgende Frage eingeht und die

an den Anfang gesetzte Feststellung damit automatisch akzeptiert. Wir bezeichnen diesen Typus von Fragen auch als Feststellungsfragen.
Gefährlich wird die Taktik besonders dann, wenn das vorangestellte Szenario eine Herabminderung des Befragten beinhaltet, die durch eine positive Fragestellung verwischt wird. Der Angesprochene akzeptiert, indem er die positiv klingende Frage beantwortet, auch widerspruchslos die vorangestellte negative Aussage, was seine Vertrauenswürdigkeit in den Augen der Anwesenden leicht beeinträchtigen kann.

Beispiele

Du hältst doch im Normalfall nie deine Termine ein. (negativ)
Wie hast du es diesmal geschafft, doch pünktlich zu sein? (positiv)

Du hast doch sonst immer zwei Linke. (negativ)
Wie hast du es diesmal zu Wege gebracht, das Regal gerade zu montieren? (positiv)

Sie nehmen meine Behandlungsmethoden doch sonst so ungenau. (negativ)
Wieso hat es denn jetzt funktioniert? Das Ergebnis spricht für sich. (positiv)

Grundsätzlich unterscheiden wir zwei große Gruppen von Feststellungsfragen:

Kombination zwischen sachlicher Feststellung und Fragestellung: Im Bankwesen ist es üblich, dass die Herren Anzug und Krawatte tragen. (sachlich)
Wieso ist diese Kleidervorschrift eigentlich erforderlich?

Kombination von wertender Feststellung und wertender Fragestellung:
In diesem Fall lassen sich wiederum vier Varianten unterscheiden:

a) Kombination von positiver Feststellung und positiver Feststellungsfrage:
Sie haben sowohl Familie als auch Karriere voll im Griff. (positiv)
Worin besteht Ihr Erfolgsrezept? (positiv)
b) Negative Feststellung und negative Feststellungsfrage:
Man sieht, Sie können Menschen nicht einschätzen. (negativ)
Womit kompensieren Sie Ihre mangelnde Menschenkenntnis? (negativ)

c) Positive Feststellung und negative Feststellungsfrage:
   Sie sind ein absoluter Erfolgsmensch. (positiv)
   Welche Defizite haben Sie? (negativ)
d) Negative Feststellung und positive Feststellungsfrage:
   Dass Sie sich bei diesem Fall nicht auskennen, merkt man. (negativ)
   Bei welchem sind Sie Experte? (positiv)

Es ist offensichtlich, dass die letzte Variante eine unterschwellig nachteilige Wirkung auf Ihren Gesprächspartner hat, weil sie seine Person in ein zweifelhaftes Licht rückt. Die negative Behauptung wird, wie oben bereits angemerkt, vorangestellt und durch die positiv formulierte Frage in gewisser Art und Weise verschleiert. Wer die Frage vorschnell beantwortet, akzeptiert damit die vorangangene negative Aussage. Achten Sie daher immer auf die emotionalen Schienen, die bei Fragen bzw. Feststellungen angesprochen werden. Was einmal akzeptiert wurde, lässt sich schwer wieder revidieren!
Welche Antworten gibt es nun, um besonders die in einer Feststellungsfrage vielleicht mitschwingende negative Wertung abzufangen?

Gegenstrategie: Beziehen Sie sich in Ihrer Antwort niemals auf den Frageteil, sondern immer auf die Aussage, die vorangestellt ist.
Zur Veranschaulichung aller fünf Frage- und Antworttypen werden Ihnen in Folge wieder Beispiele und Lösungen präsentiert, danach wieder fünf Kombinationen mit Lösungsteil. Entwerfen Sie sodann mindestens fünf eigene Kombinationen, um sich diese Technik besonders gut zu verinnerlichen.

Übung ✓

Neutrales Szenario

Beispiele
Frage: In der heutigen Zeit ist es enorm wichtig, mehrere Fremdsprachen zu können. Wie viele beherrschen Sie?
Antwort: Gerade durch die fortschreitende Globalisierung und Internationalisierung ist es wichtig, über gute Englischkenntnisse zu verfügen!

Frage: Im Geschäftsleben trägt Mann Krawatte. Welche Gründe sprechen Ihrer Meinung nach dafür?
Antwort: Ich trage ausschließlich Tücher.

Frage: Die Zuwachsraten im Ankauf dieser Aktien sind signifikant. Wann werden Sie diese Aktie kaufen?
Antwort: Ich warte die weitere Entwicklung ab.

Frage: Die meisten großen Unternehmer haben eigene PR-Manager. Inwiefern glauben Sie, dass die wichtig sind?
Antwort: Da ich kein großer Unternehmer bin, kann ich das nicht beurteilen.

Frage: Die meisten Leute kaufen sich jetzt Cabrios. Warum würdest du dir ein Cabrio kaufen?
Antwort: Ich will kein Cabrio. Ich folge diesem angeblichen Trend nicht!

Übung

1. Frage: Alle Manager fahren teure Autos. Warum finden Sie, dass teure Autos in den Chefetagen so wichtig sind?
Antwort: ....
2. Frage: Diese Medikamente sind sehr teuer. Warum sollte man sie nicht durch gute, aber billigere ersetzen?
Antwort: ....
3. Frage: Scheidungsfälle sind immer eine traurige Angelegenheit. Wieso, glauben Sie, leiden besonders die Kinder darunter?
Antwort: ....
4. Frage: Der Lehrberuf umfasst viele Komponenten, nicht nur die Wissensvermittlung, auch administrative Tätigkeiten, psychologisches Einfühlungsvermögen, bis hin zu einer Art therapeutischer Gesprächskenntnis. Wieso ist dieser Umstand so wenig publik?
Antwort: ....
5. Frage: Autobuschauffeur ist ein äußerst verantwortungsvoller Beruf. Wieso wird er nicht noch besser bezahlt?
Antwort: ....

Lösungen

1. Dass alle Manager teure Autos fahren, ist eine komplette Verallgemeinerung.
2. Ausgezeichnete Wirkung hat ihren Preis.

3. Scheidungsfälle sind für alle Beteiligten eine traurige Angelegenheit.
4. Welche Komponenten der Lehrberuf umfasst, hängt wohl vom jeweiligen Lehrer ab.
5. In jedem Beruf haben die Dienstnehmer Verantwortung zu tragen.

Positives Szenario mit positiver Feststellungsfrage und Antwortmöglichkeit

Beispiele

Frage: Sie spielen Klavier einfach fabelhaft. Wie lange üben Sie täglich?
Antwort: Danke, das Talent habe ich von meiner Mutter!

Frage: Du siehst heute großartig aus. Wer ist der Glückliche, mit dem du verabredet bist?
Antwort: Danke für das Kompliment, man hört gerne, dass man attraktiv ist.

Frage: Du bist ein so sonniger Typ mit sympathischer Ausstrahlung. Was ist dein Geheimnis?
Antwort: Ich lächle schon am frühen Morgen!

Frage: Sie haben sowohl Familie als auch Karriere voll im Griff. Wie machen Sie das?
Antwort: Ich bin ein Familien- und Karrieremensch, ganz einfach!

Frage: Sie haben großartige Ergebnisse eingefahren. Was ist Ihr Erfolgsrezept?
Antwort: Oh danke, ich bin mit meinen Ergebnissen auch recht zufrieden!

Übung

1. Frage: Sie sind ein Typ, mit dem jeder gerne zusammenarbeitet. Wie machen Sie das?
Antwort: ....
2. Frage: Sie haben einen wahnsinnig durchtrainierten Körper. Wie oft trainieren Sie?
Antwort: ....
3. Frage: Du bist ein fabelhafter Rechtsanwalt. Wie merkst du dir all die Paragraphen?
Antwort: ....
4. Frage: Du bist die beste Köchin der Welt. Wie zauberst du nur all diese köstlichen Gerichte?
Antwort: ....

5. Frage: Du bist der beste Liebhaber, den ich je erlebt habe. In welche Schule bist du gegangen?
Antwort: ....

Lösungen

1. Ich arbeite gerne im Team.
2. Das ist Vererbung.
3. Danke für die Anerkennung, mein Job macht mir eben Spaß!
4. Ich freue mich, dass es dir schmeckt!
5. Es freut mich, wenn ich dir gut tue und es dir mit mir Spaß macht.

Negatives Szenario mit negativer Feststellungsfrage und Antwortmöglichkeit

Beispiele

Frage: Sie sind ein sehr schlecht gekleideter junger Mann. Wieso haben Sie so überhaupt keinen Geschmack?
Antwort: Mir gefällt, wie ich mich kleide, und ich fühle mich darin pudelwohl.

Frage: Die Präsentation ist ja komplett schiefgelaufen. Wieso hast du dich nicht besser vorbereitet?
Antwort: Wie bitte, das Publikum war begeistert, hast du nicht den Applaus gehört?

Frage: Du hast noch nie passable Leistungen erbracht. Willst du nie damit anfangen?
Antwort: Ich bin mit meinen Ergebnissen zufrieden.

Frage: Deine Alimentationen sind schon wieder ausgeblieben. Wieso zahlst du nicht pünktlich?
Antwort: Du hast die Alimente noch immer bekommen!

Frage: Diese Überstunden bringen mich noch um. Mein Familienleben leidet schon darunter. Wie soll ich aus dieser Misere nur rauskommen?
Antwort: Die finanzielle Spritze, die dir die Überstunden bringen, können deine Familie und du sicherlich gut gebrauchen.

Übung

1. Frage: Die Bedienung lässt hier sehr zu wünschen übrig. Wieso stellen Sie so schlechtes Personal ein?
Antwort: ....

2. Frage: Deine Kapazitäten sind für diesen Job nicht ausreichend. Wieso weisen deine Kenntnisse derartige Lücken auf?
Antwort: ....

3. Frage: Du hast ständig etwas auszusetzen. Wieso bist du immer so schlecht gelaunt?
Antwort: ....

4. Frage: Es gibt zu wenige Fachkräfte in unserem Betrieb. Wieso wird immer am falschen Ort gespart?
Antwort: ....

5. Frage:
Du bist ein schlechter Autofahrer. In welcher Lotterie hast du deinen Schein gewonnen?
Antwort: ....

Lösungen

1. Es gibt normalerweise keine Klagen über die Bedienung.
2. Ich bin mit vollem Einsatz bei der Arbeit!
3. Ich nörgle nur, wenn es notwendig ist.
4. Wir haben genug Fachkräfte. Eine Aufstockung ist nicht erforderlich.
5. Ich habe noch nie einen Unfall gehabt und es hat sich auch sonst noch niemand über meine Fahrkünste beschwert.

Positives Szenario mit negativer Feststellungsfrage und Antwortmöglichkeit

Frage: Sie sind ein überaus intelligenter Mensch. Wieso konnten Sie diese Angelegenheit nicht diplomatischer lösen?
Antwort: Danke für die Anerkennung! Ich bin mir sicher, für die Firma das Optimum herausgeholt zu haben.

Frage: Es gibt nicht viele Menschen, die so viel wissen wie Sie! Wieso bemerken Sie dann nicht, dass Sie Ihr Publikum mit einer derartig geballten Wissensvermittlung überfordern und dadurch langweilen?
Antwort: Vorerst danke für die Anerkennung, ich glaube mein Publikum hat vieles, je nach Kapazität, aufgenommen. In einem Vortrag muss eben für jeden etwas dabei sein.

Übung

1. Frage: Sie haben doch eine Gehaltserhöhung bekommen. Warum strengen Sie sich nicht mehr an?
Antwort: ....

2. Frage: Sie sind ja auf diesem Gebiet ein echter Profi. Gibt es etwas, was Sie in diesem Bereich nicht so perfekt können?
Antwort: ....
3. Frage: Sie haben viele Stärken, die Sie für diese Stelle qualifizieren würden. Worin bestehen Ihre Schwächen?
Antwort: ....
4. Frage: Sie sind ja ansonsten ein guter Hausverwalter. Wann wird dieser Schaden endlich behoben?
Antwort: ....
5. Frage: Du bist berühmt für dein grünes Händchen. Wieso geht dir diese Pflanze schon zum zweiten Mal ein?
Antwort: ....

Lösungen

1. Mein Gehalt entspricht in keinster Art und Weise meinen Leistungen.
2. Ein echter Profi kennt sich in seinem Bereich perfekt aus.
3. Wie Sie richtig erkannt haben, bin ich für diese Stelle absolut qualifiziert. Wann kann ich beginnen?
4. Als guter Hausverwalter suche ich den für Sie billigsten und gleichzeitig besten Weg. Das kostet nun einmal Zeit.
5. Mein grünes Händchen ist schon okay! Warten wir die weitere Entwicklung ab.

Negatives Szenario mit positiver Feststellungsfrage und Antwortmöglichkeit

Frage: Du bist doch sonst so ein schlechter Rhetoriker. Wie ist dir diesmal der Vortrag so gut gelungen?
Antwort: Ich rede immer gut und überzeugend. Schenk mir einfach mehr Aufmerksamkeit!

Frage: Dass Sie von dieser Materie keine Ahnung haben, merkt man. Welches ist eigentlich Ihr Spezialgebiet?
Antwort: Sie sollten das Fachvokabular besser studieren, dann wüssten Sie, wovon ich spreche.

Frage: Deine Freundin beschwert sich, dass du ihr zu wenig Zuwendung schenkst. Was tust du dagegen?
Antwort: Mach dir keine Sorgen, ich kümmere mich hinlänglich um meine Beste.

Frage: Diese Schlacht hast du verloren. Was macht ein guter Anwalt wie du in so einem Fall?
Antwort: Eine Schlacht verliert man, um einen Krieg zu gewinnen!

Frage: Sie sind einfach zu blöd. Gibt es etwas, das Sie zur allgemeinen Zufriedenheit erledigen können?
Antwort: Ich denke, ich werde Ihre Beleidigung einfach ignorieren, ich weiß ja, von wem sie kommt!

Übung

1. Frage: Ihr Vortrag heute war extrem langweilig. Haben Sie nicht gestern über Interessanteres gesprochen?
Antwort: ....
2. Frage: Sie sind doch sonst kein Verkaufsgenie. Wie haben Sie es denn dann diesmal geschafft, den Kunden vom Kauf zu überzeugen?
Antwort: ....
3. Frage: Du bist doch sonst so schlecht in Mathematik. Von wem hast du diesmal die Lösungen bekommen?
Antwort: ....
4. Frage: Du kannst doch außer Eierspeise nichts zubereiten. Aus welchem Restaurant hast du denn diese köstliche Speise kommen lassen?
Antwort: ....
5. Frage: Deine Computerkenntnisse sind ja, wie allseits bekannt, äußerst bescheiden. Wer hat dir denn diese Arbeit geschrieben?
Antwort: ....

Lösungen

1. Langweilig war mein Vortrag nur für den, der mir geistig nicht Folge leisten konnte. Ich versuche, meine Zuhörerschaft dort abzuholen, wo sie steht. Leider kann ich mich dabei nicht auf das Niveau jedes Einzelnen begeben.
2. Meine allgemeinen Verkaufszahlen sprechen für sich.
3. Mir ist eben der mathematische Knopf aufgegangen.
4. Wie du siehst, bin ich doch eine bessere Köchin, als du denkst!
5. Wer bescheiden agiert, kann eben doch viel erreichen, wie man sieht!

Motivationsfragen

Die Motivationsfragen gehören grundsätzlich zur Gruppe der Feststellungsfragen, sind aber immer positiv formuliert. Sie sprechen dadurch die Kompetenz des anderen an, ja suggerieren ihm förmlich Kompetenz, um leichter an Ihr Ziel zu kommen, und zwar meist, damit Ihr Gesprächspartner bereit ist, eine bestimmte Tätigkeit oder ein bestimmtes Verhalten zu über- bzw. anzunehmen.
Der Trick der Motivationsfrage liegt darin, dass Sie etwas ansprechen, worauf der Gesprächspartner stolz sein kann, oder etwas, von dem Sie ihm suggerieren, dass er darauf stolz sein könne, seien es bestimmte fachliche Kenntnisse/Kompetenzen oder Familie, Herkunft, Beruf, Talente, etc.
Wenn Sie den Stolz eines Menschen ansprechen, dann erhöhen Sie seine Bereitschaft, Ihren Wünschen nachzukommen.
Meist ist die Motivationsfrage daher wieder kombiniert mit einer vorangestellten Feststellung, einem Szenario, an das Sie Ihre Frage anknüpfen.

Beispiel

- Wenn jemand kompetent ist, dann Sie, Herr Kollege. Wie kann man am raschesten zu der erforderlichen Information kommen?
- Dieses Problem ist äußerst komplex. Was sagen Sie als Fachmann dazu? Wie ist es zu lösen?
- Unser Betrieb braucht bei dieser wichtigen Sitzung einen ganz besonders kompetenten Vertreter. Das ist doch Ihr Spezialgebiet ...! Es gibt keinen Besseren als Sie. Wollen Sie bitte die Vertretung übernehmen?

Für das Durchsetzen Ihrer Anliegen besonders Gewinn bringend ist es auch, wenn Sie das ideale Selbstbild, das Ihr Gegenüber von sich selbst hat, ansprechen.

Beispiel
Du bist als absoluter Macho bekannt. Wie machst du das, dass dir alle Frauenherzen zufliegen?
Lassen Sie sich durch Motivationsfragen nicht so leicht einfangen, seien Sie sich bewusst, dass sie meist dazu dienen, das Gegenüber zu einer zusätzlichen – meist unbedankten oder unbezahlten – Arbeit zu gewinnen, die außer Zeitverlust oft nichts einbringt. Achten Sie daher ganz besonders darauf, ob Sie tatsächlich Folge leisten wollen.

Gegenstrategie: Bedanken Sie sich für die Anerkennung, weisen Sie aber den Antrag auf die einzubringende Leistung höflich zurück oder verbinden Sie Ihren Einsatz mit der Abgabe einer anderen Aufgabe Ihrerseits bzw. mit einem Entgegenkommen des Bittstellers seinerseits.

Beispiel
Frage: Wenn jemand im Verkauf kompetent ist, dann Sie, Herr/Frau XY. Können Sie nicht Ihre jungen Kollegen unter Ihre bewährten Fittiche nehmen und ihnen bei der Neukundengewinnung behilflich sein?
Antwort: Ihr Kompliment ehrt mich, aber so viel mir bekannt ist, hat Kollege XY in diesem Monat auch viele Kunden akquirieren können, wenn Sie sich bitte an ihn wenden, ich bin im Moment schon mit Projekt XY zusätzlich beschäftigt. Danke! (Abwendung oder Unterbrechung des Blickkontaktes.)

Zur Veranschaulichung der Formulierung und des richtigen Zurückweisens von Motivationsfragen werden Ihnen in Folge wieder fünf Beispiele mit Lösungen präsentiert, danach fünf Fragestellungen, auf die Sie richtige Antworten finden sollen. Der daran anschließende Lösungsteil soll Ihnen verdeutlichen, ob Sie auf der richtigen Fährte sind. Danach entwerfen Sie zwecks besonderer Verinnerlichung eigene Kombinationen!

Übung ✓

Motivationsszenario mit entsprechendem Frageteil und mögliche Antwort

Beispiele
Frage: Sie haben sich auf dem Gebiet der Ehescheidung als echtes Talent entpuppt! Möchten Sie nicht gleich die nächsten beiden Fälle übernehmen?
Antwort: Liebend gerne, nur müsste ich die Fälle A, B abgeben, denn Scheidungsfälle erfordern eine erhöhte Vorbereitungszeit und Einfühlungsarbeit in die Causen. Da ich im Moment mit den anderen Fällen völlig ausgelastet bin, fehlt mir für Zusatzarbeit die nötige Zeit!

Frage: Schatz, du kennst dich doch bei solchen Streitfällen mit den Handwerkern am besten aus. Verhandelst du mit ihnen?
Antwort: Ich fürchte, mir fehlt die nötige Diplomatie, um mir ihre Ausflüchte noch länger anzuhören. Sprich doch du mit ihnen, damit der Schaden endlich behoben wird! (Trick der Kompetenzrückgabe.)

Frage: Lieber Herr Nachbar, Sie sind doch so geschickt! Könnten Sie mir nicht beim Zusammenschrauben meines Kästchens behilflich sein? (Hier wird bewusst die Verkleinerungsform gewählt, um den Aufwand für diese Arbeit im Voraus zu verharmlosen; ist der liebe Nachbar einmal da, wird er vermutlich ob der größeren Größe nicht gleich Reißaus nehmen.)
Antwort: Ich bin zwar geschickt, wenn es um ganz praktische Dinge geht. Wenn es aber gilt, genaue Beschreibungen und Anleitungen durchzustudieren, versage ich leider selbst jedes Mal und brauche jemanden, der technisch versiert ist. Sie wollen doch, dass Ihr Kästchen gerade steht und entsprechend benutzbar ist. Sorry, dass ich Ihnen nicht helfen kann!

Frage: Du kennst dich doch in Mathematik so gut aus! Kannst du mit mir für die Schularbeit lernen?
Antwort: Ich kenne mich zwar in Mathe aus, nicht aber in Bio. Wenn du mit mir die Bio-Fragen für den Test durchgehst, dann erkläre ich dir auch die Matheaufgaben!

Frage: Wenn man sich bei dir umschaut, sieht man sofort, dass du einen grünen Daumen hast! Kannst du mir beim Anlegen meines Gartens helfen?
Antwort: Sorry, ich glaube, meine Pflanzen sind nur robust genug, um meine Pflege zu überleben!

Übung

1. Frage: Du als Motivationskünstler kannst mir doch sicherlich Ratschläge geben, wie ich diese zwei Monate in dieser Firma noch überstehen kann!
Antwort: ....
2. Frage: Sie kennen sich doch mit Autos so gut aus! Was halten Sie vom Ankauf eines XY?
Antwort: ....
3. Frage: Sie sind doch technisch so versiert! Mein Rasenmäher springt nicht an. Könnten Sie bitte nachschauen, was da nicht funktioniert?
Antwort: ....
4. Frage: Sie sind für Ihre Großzügigkeit bekannt! Würden Sie auch für unsere dringlichen Anliegen spenden?
Antwort: ....
5. Frage: Du bist die beste Köchin der Welt! Kannst du mir nicht etwas Gutes kochen, wenn mein neuer Freund kommt, damit ich bei ihm einen guten Eindruck hinterlasse?
Antwort: ....

Lösung

1. Ich weiß schon selber nicht mehr, wie ich mich für meine Tätigkeit hier motivieren kann, sorry!
2. Ich beschäftige mich zwar mit Autos, aber die Marke XY ist nicht mein Gebiet!
3. Tut mir Leid! Bei Rasenmähern kennen ich mich nicht aus.
4. Ich unterstütze zwar karitative Organisationen, es ist aber ein Grundprinzip von mir, vorher immer ausreichende Informationen einzuholen. (Abwenden des Blicks.)
5. Tut mir Leid, täusche deinen neuen Freund nicht mit Qualitäten, die du nicht hast, verwöhne ihn lieber mit solchen, die du hast!

Alternativfragen

Der Trick der Alternativfrage besteht darin, dass man dem Gesprächspartner zwei Alternativen anbietet. Seine Gedanken werden dadurch auf diese beiden Möglichkeiten eingeschränkt. Sie geben ihm damit schon im Voraus ein begrenztes Spektrum an Entscheidungen vor und suggerieren explizite Antwortmöglichkeiten. Wenn Sie diese Taktik anwenden, nehmen Sie Ihrem Gesprächspartner in Wahrheit die Entscheidung ab und lassen ihm nur noch den Spielraum, ein Detail zu bestimmen.

Beispiel
Wir waren schon so lange auf keinem Clubbing. Willst du heute Abend ins Eschenbach oder ins Kinsky?
Bei dieser Fragetechnik können Sie auch wieder mit einem vorangestellten Szenario arbeiten. Ein vorangestelltes Szenario unterstreicht die Wirkung der angeschlossenen Frage. Außerdem wird die Alternativfrage leichter angenommen, wenn Sie eine positiv wertende Feststellung vorausschicken.

Beispiel
Sie sind ein Hausverwalter, auf den man sich verlassen kann. Wann werden die Münzzähler in der Waschküche montiert, in dieser oder in der nächsten Woche?

Eine Möglichkeit, um eine von den beiden angegebenen Varianten zu favorisieren, ist, die Ihnen bedeutsamer erscheinende Variante an die zweite Stelle zu platzieren – das Letztgenannte, das man sich am besten merkt. Betonen Sie zudem die zweite Variante sowohl sprachlich, indem Sie sie lauter sagen, als auch nonverbal, indem Sie sie mit einer entsprechenden Mimik wie einem Lächeln oder einem angedeuteten Kopfnicken begleiten. Diese Fragetechnik eignet sich auch, um den Befragten in emotionale Widersprüche zu verwickeln.

Beispiel

- Ist es Ihre Absicht, für den Frieden zu stimmen oder Mord und Totschlag Tür und Tor zu öffnen?
- Wollen Sie, dass wir jetzt zu einer gemeinsamen Lösung kommen und die Angelegenheit mit einer für uns beide akzeptablen Position abschließen, oder wollen Sie bloß Ihre Position weiter durchpeitschen, wodurch ein Prozess mit sicherlich langer Dauer unvermeidbar wird?

Die Alternativfragen funktionieren allerdings nur dann, wenn sich der Befragte grundsätzlich mit den Möglichkeiten, auf die Sie sein Interesse gelenkt haben, bzw. zumindest mit einer davon, identifizieren kann.

Beispiel
Willst du zu Mittag lieber Huhn oder Schweinefleisch?
Diese Frage setzt voraus, dass der Befragte grundsätzlich beides isst und es ihm möglicherweise auch egal ist, welche von den beiden Speisen er serviert bekommt.

Gegenstrategie: Akzeptieren Sie keine der beiden Varianten!

Beispiel
Frage: Möchten Sie Kaffee oder Tee zum Frühstück?
Antwort: Danke, nein, weder noch!

Übung ✓

Zur Veranschaulichung der Formulierung und des richtigen Zurückweisens von Alternativfragen werden Ihnen in Folge wieder fünf Beispiele mit Lösungen präsentiert.

Beispiele

Frage: Gehen wir heute Abend etwas trinken oder lieber ins Kino? (Letzteres, lauter gesprochen, mit angedeutetem Kopfnicken.)
Antwort: Ich bin todmüde, wir bleiben heute zu Hause.

Frage: Sie sind ein Hausbesitzer, auf dessen Versprechen man sich verlassen kann. (Positiv wertende Feststellung.) Werden die Reparaturarbeiten noch in diesem Monat oder erst im nächsten in Angriff genommen?
Antwort: Wie Sie richtig erkannt haben, bin ich ein Hausbesitzer, auf den man sich verlassen kann, und ich werde das Nötige nach dem Einholen sämtlicher Kostenvoranschläge veranlassen!

Frage: Wollen Sie das Auto durch Leasing erwerben oder werden Sie bar zahlen?
Antwort: Ich habe mich noch nicht entschieden, ob ich es kaufen werde!

Frage: Wohnt Ihr Freund auch hier in der Nähe oder weiter weg?
Antwort: Ich spreche prinzipiell nicht über mein Privatleben.

Frage: Sandalen sind heuer absolute Musts im Sommer. Soll ich Ihnen die Jeanssandalen oder die eleganten einpacken?
Antwort: Danke, nein, weder noch, ich bevorzuge High Heels!

Übung

1. Frage: Sie haben einen sehr guten Geschmack und verstehen etwas von Qualität. Soll ich Ihnen das rote oder lieber das schwarze Kleid einpacken?
Antwort: ....

2. Frage: Ich sehe es dir an der Nasenspitze an, dass du eine Süße bist. Willst du ein Stück Torte oder ein Stück Kuchen?
Antwort: ....

3. Frage: Ich habe Theaterkarten reservieren lassen. Willst du lieber heute oder morgen gehen? (Vollendete Tatsachen erhöhen den Druck auf den Angesprochenen!)
Antwort: ....

4. Frage: Jeder weiß, dass Kernenergie sehr gefährlich ist, und die leider gehäuft auftretenden Vorfälle in den Kraftwerken verstärken den Druck, sich von der Kernenergie zu verabschieden. Sind Sie für einen sofortigen oder für einen schrittweisen Ausstieg?
Antwort: ....
5. Frage: Du hast diese Klasse nicht geschafft. Wirst du hier wiederholen oder wechselst du in eine andere Schule?
Antwort: ....

Lösungen

1. Danke, nein, ich muss mir den Kauf noch überlegen.
2. Danke, nein, ich esse keine Süßigkeiten! Wie du richtig erkannt hast, bin ich schon von Natur aus süß genug.
3. Tut mir Leid, aber ich habe weder heute noch morgen Zeit.
4. Ich halte Kernenergie für eine saubere Form der Energiegewinnung und sehe daher keinen Handlungsbedarf.
5. Ich gehe arbeiten.

Was-wäre-wenn-Fragen

Hinter der Was-wäre-wenn-Frage oder Konjunktivfrage, wie sie auch genannt wird, stehen unterschiedliche Tricks, die allesamt gefährlich sind bzw. sein können, weil die wahre Absicht des Fragenden nicht erkannt wird.
Der Trick der Was-wäre-wenn-Frage liegt darin, zu einer Stellungnahme hinsichtlich einer bestimmten hypothetischen Situation herauszufordern. Sehr oft wird diese Taktik von Journalisten im Umgang mit Politikern angewendet, wenn sie diese zu ungewollten Aussagen provozieren wollen.

Beispiel
Angenommen, Ihre Partei gewinnt bei den nächsten Wahlen. Für welchen Ministerposten halten Sie sich prädestiniert? (Die Kombination mit einer Alternativfrage ist natürlich auch möglich, wenn man die Vorlieben des Politikers kennt.)

Wenn der Befragte nicht verdammt gut aufpasst, wird am nächsten Tag in den Medien verkündet, dass Herr/Frau XY diesen oder jenen Ministerposten anstrebe! Hier zeigt sich, wie leicht man die Konjunktivsetzung bzw. die Hypothese übersieht, Stellung bezieht und sich dadurch schon in Schwierigkeiten bringt bzw. etwas verrät, was man lieber (noch) für sich behalten hätte. Aus dem Kontext gerissen, können die Antworten zudem sehr leicht ein falsches Bild von Ihnen ergeben.

Beispiel
Stellen Sie sich vor, Ihr Chef würde Ihnen ab sofort 300 € im Monat mehr bezahlen! Würden Sie diese denn nicht annehmen? (Vertreter will Vorteil von Versicherungsangebot/Anlegeangebot aufzeigen!)
Ein weiterer Trick ist das In-Beziehung-Setzen einer allgemein gültigen Aussage auf einen spezifischen Fall bzw. die Entscheidung einer größeren Gruppe wird automatisch auf die Entscheidung eines Einzelnen projiziert.

Beispiel
Was wäre, wenn die gesamte Belegschaft die Arbeit niederlegen würde? Sie würden doch sicherlich auch mitmachen? (Einbau einer Suggestivfrage)
Der nächste Trick ist der, dass man durch die Besprechung eines Problems/Teilaspektes von einem Problemkomplex ablenkt!

Beispiel
Angenommen, wir hätten zum Problem A eine Lösung gefunden, welche Entscheidung würden Sie dann treffen?
Schließlich kann die Taktik des Eigenformulierens angewendet werden. Diese Taktik, die für Sie als Fragender sehr aufschlussreich sein kann, wird folgendermaßen aufgebaut: Bitten Sie den Gesprächspartner zuerst, einen Eventualfall im Konjunktiv aufzuzeigen, und lassen Sie ihn danach das Ergebnis selbst formulieren! Dadurch merken Sie, worauf es dem anderen wirklich ankommt. Der Befragte selbst setzt sich wiederum durch die Selbstformulierung mit dem Problem genauer auseinander, was bei ihm zu einer Selbstidentifikation führt.

Beispiel
Nehmen Sie einmal an, Sie hätten keinen elektrischen Anschluss! Wie drastisch würde sich Ihr Leben verändern? Worauf müssten Sie verzichten? Überlegen Sie doch bitte einmal laut.

(Sie selbst sind bei diesem Beispiel Vertreter eines Billigstromanbieters und wollen Neukunden für Ihre Firma gewinnen!)
Nach dem entsprechenden Szenario könnten Sie den Befragten noch einmal seine wichtigsten Aspekte bezüglich des Eventualfalles zusammenfassen lassen! Zählen Sie danach die Stromquellen auf, die er genannt hat, und zeigen Sie ihm anschließend die Senkung der Stromverbrauchskosten auf, wenn er Kunde Ihrer Firma wäre! Sie können dabei auch den Trick anwenden, dass Sie die Einsparungskosten umschlagsweise auf einige Jahre errechnen. Dadurch ergibt sich eine höhere Summe, was die Wirkung steigert. Lassen Sie sodann den Befragten ein Szenario entwerfen, was er mit dem eingesparten Geld „anstellen" könnte, um die Kostenersparnis gedanklich bildhaft zu verankern.
Gerade das Entwerfen von Szenarien durch den Befragten selbst ist bei Was-wäre-wenn-Fragen wirkungsvoll, weil sich der Befragte auf diese Weise mit dem Problem identifiziert und dadurch leichter zu einer davon abgeleiteten Handlung gebracht werden kann.
Welche Antwortmöglichkeiten gibt es nun, um auf Was-wäre-wenn-Fragen nicht hereinzufallen?

Gegenstrategie: Gehen Sie grundsätzlich auf das entworfene Szenario nicht ein!

Beispiel
Was wäre, wenn Sie zwei Frauen auf eine einsame Insel mitnehmen könnten, es dürfte aber keine davon Ihre eigene sein. Welche beiden würden Sie wählen?
Antwort: Ich fahre prinzipiell nicht ohne meine Frau weg!

Übung ✓

Beispiele

Frage: Was werden Sie tun, wenn Sie nicht stimmenstärkste Partei werden?
Antwort: Diese Frage stellt sich im Moment nicht!

Frage: Angenommen, Sie bekommen den Chefposten, was würden Sie ändern?
Antwort: Unser Chef ist der Bestqualifizierte für diesen Job, er versteht sein Handwerk!

Frage: Wenn Sie jemanden entlassen müssten, von wem könnten Sie sich am leichtesten trennen?
Antwort: Dieses Problem haben wir nicht.

Frage: Was würdest du tun oder dir anschaffen, wenn du eine Million Euro zur Verfügung hättest?
Antwort: Das würde ich dann entscheiden, wenn es tatsächlich so weit wäre!

Frage: Was wäre, wenn man Sie jetzt als Pensionist bitten würde, wieder ins Berufsleben einzusteigen. Was würden Sie am liebsten arbeiten?
Antwort: Diese Frage stellt sich mir Gott sei Dank nicht mehr, ich habe in meinem Leben schon lange genug gearbeitet, jetzt tue ich nur noch die Dinge, die mir Spaß machen!

Übung

In Folge werden Ihnen wieder fünf Was-wäre-wenn-Fragen vorgeführt, auf die Sie richtige Antworten finden sollen! Der anschließende Lösungsteil soll Ihnen wieder verdeutlichen, ob Sie auf der richtigen Fährte sind. Danach entwerfen Sie zur vertiefenden Übung Ihre eigenen Kombinationen.
1. Frage: Wenn Sie morgen für immer das Land verlassen müssten, für welches andere würden Sie sich entscheiden?
Antwort: ....
2. Frage: Wenn Sie die Chance hätten, Formel-1-Fahrer zu werden, für welches Team würden Sie sich entscheiden?
Antwort: ....
3. Frage: Was wäre passiert, wenn die Polizei den Geisterfahrer nicht rechtzeitig gestoppt hätte?
Antwort: ....
4. Frage: Was wäre, wenn Frau X und Herr Y am Ertrinken wären, wen würden Sie zuerst retten?
Antwort: ....
5. Frage: Hätten Sie auch beim Ausfall des zweiten Triebwerks für die Sicherheit der Passagiere garantieren können?
Antwort: ....

Lösungen

1. Ich lebe in Österreich, da muss ich mir wegen des Flüchtens keine Sorgen machen, außerdem lebe ich gerne hier und habe nicht vor, das Land zu verlassen!

2. Ich bin für die Formel I schon zu alt!
3. Diese Frage stellt sich nicht, da die Polizei rechtzeitig agiert hat.
4. Ich würde den zuerst retten, der mir am nächsten wäre!
5. Es gab keinen zweiten Triebwerksausfall, diese Frage stellt sich daher nicht!

Doppel- oder Mehrfachfragen

Die Tricks der Doppel- oder Mehrfachfragen liegen darin, dass Sie erstens mit ihrer Hilfe auch wortkarge Menschen zum Sprechen bringen und dass Sie zweitens in unangenehmen Situationen oder bei Diskussionen Zeit gewinnen, Ihre Position zu überlegen und die nächsten Strategien zu entwickeln. Besonders „ergiebig" sind Doppel- oder Mehrfachfragen, wenn sie als offene Fragen, also W-Fragen, aufeinander folgen. Ihr Gesprächspartner braucht zur Beantwortung mehr Zeit und gibt dadurch automatisch mehr von sich preis. Besonders bei Diskussionen, wenn es einem gar nicht mehr so sehr um die Inhalte des anderen geht, wird diese Taktik gerne angewendet.

Beispiel
Wie kommen Sie zu diesem zeit- und geldaufwändigen Hobby? Wie steht Ihre Frau dazu?

Gegenstrategie: Beantworten Sie immer nur eine Frage. Danach lassen Sie Ihr Gegenüber noch einmal die Frage wiederholen, die an zweiter oder dritter Stelle gestellt wurde.

Beispiel
„Lassen Sie mich vorerst auf Ihre erste Frage eingehen!" Wenn Sie damit fertig sind, fragen Sie: „Wie war doch Ihre zweite Frage?" Oder: „Würden Sie Ihre zweite Frage noch einmal wiederholen?"
Peinlich für den anderen, wenn er einfach nur Zeit schinden wollte und die zweite Frage entweder überhaupt nicht mehr oder zumindest nicht mehr in der ehemals gestellten Formulierung im Kopf hat. Die Bedeutsamkeit der Fragestellung wird dadurch aufgehoben.

Eine andere Gegenstrategie ist, dass Sie nur äußerst knapp antworten, wodurch der andere nicht in der Lage ist, Zeit zu schinden oder Sie aus Ihrer Reserve zu locken.

Fangfragen

Der Trick der Fangfrage (auch Indizienfrage, Gestapo- oder Stasi-Frage genannt) liegt darin, eine indirekte Frage zum Ermitteln eines Sachverhaltes zu stellen, der nicht direkt erfragt werden kann oder soll. Anders formuliert: Es wird nach anderen Dingen gefragt, als das Frageziel vorgibt!

Beispiel
Haben Sie einen Parkplatz gleich in der Nähe gefunden?
(Sie wollen durch diese Frage aber nicht die Parkplatzposition erfahren, sondern wollen wissen, ob der andere ein Auto besitzt!)
Diese Fragetechnik ist für Ungeübte schwieriger zu durchschauen, da ja der wahre Fragegegenstand nicht unmittelbar angesprochen wird und man daher leichter auf die Fragestellung hereinfällt. Bei der Formulierung von Fangfragen werden bewusst Tilgungen, Verzerrungen, Verallgemeinerungen (siehe Abschnitt „Die Tiefenstruktur der Sprache", Seite 47) eingesetzt! Um sie richtig anzuwenden bzw. sie auch sofort erkennen zu können, ist besonders viel Training notwendig.

Gegenstrategie: Gehen Sie auf die Frage nicht ein! Antworten Sie mit einer Verallgemeinerung oder mit einer Floskel. Antwort zu oben gestellter Frage: Das Wichtigste ist doch, dass ich rechtzeitig hier bin, nicht wahr!?

Übung ✓

Beispiele

Frage: Sie lieben lange Haare bei einem Mann! Hat Ihr Freund auch lange Haare? (Man will wissen, ob Sie einen Freund haben.)
Antwort: Ob lange oder kurze Haare, das spielt doch bei der Liebe überhaupt kein Rolle!

Frage: Hatten Sie auch solche Schwierigkeiten mit den Handwerkern bei der Anschaffung Ihres Eigenheimes? (Man will wissen, ob Sie ein Eigenheim besitzen!)
Antwort: Es ist leider immer so, dass es zu Schwierigkeiten kommen kann, wenn man auf andere angewiesen ist.

Frage: Es wird immer wieder behauptet, dass man mit dem Gehalt, das man als Lehrer verdient, kaum über die Runden kommen kann. Stimmt das denn? (Man will wissen, wie viel ein Lehrer verdient.)
Antwort: Ach, das ist reine Ansichtssache!

Frage: Die Wirtschaftslage ist derzeit eher schlecht und der Konkurrenzdruck auf den Einzelnen wird immer stärker. Profitieren Sie davon eigentlich als Anwalt? (Man will wissen, wie die Auftragslage bei dem Anwalt prinzipiell ist.)
Antwort: In meinem Job kommt es nicht wirklich auf die allgemeine Wirtschaftslage an.

Frage: Die Leute heutzutage leben meist sehr einseitig. Die einen machen überhaupt keinen Sport und sind deswegen oft übergewichtig oder energetisch unausgeglichen und die anderen machen wieder zu viel Sport oder üben sogar Extremsportarten aus. Merken Sie diese Entwicklung auch in Ihrer Ordination? (Will wissen, wie gut die Ordination des Orthopäden geht.)
Antwort: Ich denke, es hat sich diesbezüglich nicht wirklich etwas verändert. Die Leute waren auch früher entweder sportlich oder eben nicht!

Übung

In der Folge finden Sie fünf Fangfragen, bei denen es vorerst für Sie herauszufiltern gilt, was tatsächlich hinterfragt wird, und danach sollen Sie wieder richtige Antwortmöglichkeiten formulieren! Der anschließende Lösungsteil wird Ihnen einerseits aufzeigen, was tatsächlich hinterfragt wurde, und andererseits, ob Sie bei Ihrer Beantwortung auf der richtigen Fährte sind. Danach entwerfen Sie wieder eigene Kombinationen, um diese Technik besonders gut zu verankern.

1. Frage: Im Haushalt ist immer besonders viel zu tun. Kostet Sie das auch so viel Freizeit?
Antwort: ....

2. Frage: Die Kinder sind heutzutage total überfordert. Unsere sitzen den ganzen Nachmittag vor ihren Hausaufgaben. Ist es bei Ihren Kindern auch so?
Antwort: ....

3. Frage: Ihr Freund scheint eher unsportlich und phlegmatisch zu sein. Man traut ihm gar nicht zu, dass er auch energiegeladen agieren kann. Oder ist es doch so?
Antwort: ....
4. Frage: Man sagt, dass man durch die Arbeit als Kellnerin richtig reich werden kann. Stimmt das?
Antwort: ....
5. Frage: Letzte wissenschaftliche Forschungen haben angeblich ergeben, dass das Trinken von Wein gesund sei. Stimmen Sie dem auch zu?
Antwort: ....

Lösungen

1. (Will wissen, ob die andere Frau auch berufstätig ist oder nur Hausfrau.)
Ach, das ist reine Einteilungssache, finde ich!
2. (Will wissen, ob sie auch Kinder hat.)
Wenn Ihre Kinder jeden Tag den ganzen Nachmittag mit ihren Hausübungen zubringen, dann sollten Sie mit ihnen einen Zeitplan erstellen, das kann bestimmt für sie hilfreich sein!
3. (Will wissen, wie gut er als Liebhaber ist.)
Oh, was meinem Freund wichtig ist und woran er Spaß hat, dafür setzt er sich auch ein!
4. (Will wissen, wie viel man als Kellnerin verdient.)
Ach, das kommt ganz darauf an, was man unter Reichwerden versteht!
5. (Will wissen, ob der andere Wein trinkt.)
Das kommt sicherlich auf die Menge an, die jemand trinkt!

Suggestivfragen

Der Trick der Suggestivfragen liegt darin, dass die gewünschte Antwort durch den Fragesteller bereits vorgegeben ist, nach dem Motto: Wenn du mir nicht zustimmst, dann stehst du auf weiter Flur alleine da! Der Befragte wird faktisch unter Druck gesetzt und sein Antwortverhalten durch den Fragesteller gesteuert.
Bei dieser Fragetechnik wird daher sehr oft mit Unterstellungen, Verallgemeinerungen, Übertreibungen bzw. mit bestimmten Floskeln und mit dem Einbauen von bestimmten Worten, die Suggestivwirkung haben, gearbeitet.

Beispiele
Typische **Satzanfänge** sind:

- Finden Sie nicht auch, dass ...
- Sie sind doch sicherlich auch meiner Meinung, dass ...
- Sie werden doch bestimmt mit mir übereinstimmen/darüber einig sein, dass ...
- Sie sind doch wohl auch davon überzeugt, dass ...
- Dann sind Sie ja jetzt bestens informiert, nicht wahr?
- Es gibt doch wohl nichts mehr hinzuzufügen?
- Haben Sie etwa etwas dagegen?

Typische **Worte mit Suggestivwirkung** sind:

- wohl
- doch
- etwa
- sicher(lich)
- auch
- nicht
- wahr
- gewiss
- ja ...

Der Befragte wird sich noch mehr verpflichtet fühlen, Ihrer Frage zuzustimmen, wenn Sie Ihre Suggestivfrage durch Ihre Körpersprache, also zum Beispiel mit einem Kopfnicken/-schütteln, mit einem Lächeln, fragenden Blick, mit hochgezogenen Brauen, etc. unterstreichen.
Zum Beispiel fragen Sie: „Sie kommen doch mit?“ Und nicken dabei aufmunternd mit dem Kopf – dann wird sich die Wahrscheinlichkeit einer Zustimmung eher erhöhen, als wenn Sie auf ein solches Signal verzichten.

Gegenstrategien: 1. Bewusstes Vertreten der eigenen Meinung.

Beispiel
Frage: Sie werden doch wohl jetzt noch nicht gehen wollen?
Antwort: Doch, das werde ich!

2. Die Suggestivfrage als erkannt ansprechen und eine Beantwortung ablehnen:

Typische **Antwortfloskeln** sind:

- ➔ Ich reagiere auf Suggestivfragen nicht!
- ➔ Ich lasse mich durch Suggestivfragen nicht ... manipulieren, ich gehe daher darauf nicht ein ...

3. Mit einer Suggestivgegenfrage antworten. Typische **Suggestivgegenfragen** sind:

- ➔ Sie sind doch sicherlich auch der Meinung, dass man auf Suggestivfragen nicht eingehen soll, nicht wahr?
- ➔ Sie wollten mir doch sicher keine Suggestivfrage stellen, oder?
- ➔ Warum versuchen Sie mich durch Suggestivfragen zu manipulieren? Das ist nicht seriös!

Übung ✓

Zur Veranschaulichung der Formulierung von Suggestivfragen und des richtigen Zurückweisens werden Ihnen in Folge fünf Beispiele mit Lösung präsentiert.

Beispiele

Frage: Ich denke, es ist alles gesagt und es hat niemand mehr etwas hinzuzufügen und wir können jetzt zum nächsten Punkt übergehen?
Antwort: Doch, der Punkt I unseres Falles ist nicht hinlänglich besprochen worden und gehört noch geklärt. Wenn ich rekapitulieren darf, ...

Frage: Sie wollen doch wohl bei Tisch nicht rauchen?
Antwort: Wir sind alle mit dem Essen fertig, wenn es die anderen nicht stört, möchte ich jetzt gerne eine Zigarette rauchen, dies rundet erst ihr gutes Essen so richtig ab!

Frage: Haben Sie denn als Anwaltsanwärter in diesem Bereich überhaupt schon Erfahrungen sammeln können?
Antwort: Gerade als Junger muss man sich mit sämtlichen Aspekten in den unterschiedlichen Bereichen auseinander setzen und die schon aufliegenden Urteilssprüche studieren.

Frage: Sie sind doch sicher einer Meinung mit mir, dass Frauen durch die bereits geänderte Rechtslage den Männern nicht nur gleichgestellt, sondern teilweise schon übervorteilt sind?

Antwort: Das ist eine glatte Übertreibung, ganz im Gegenteil, für die Gleichstellung zwischen Mann und Frau muss noch viel getan werden.

Frage: Denken Sie nicht auch, dass sich die Gesellschaft in den letzten Jahren sehr verändert hat und zu einer reinen Spaßgesellschaft geworden ist?
Antwort: Was verstehen Sie unter Spaßgesellschaft? (Taktik der Gegenfrage, die eine Definition vom Fragenden verlangt.)

Übung

In der Folge sind fünf Suggestivfragen formuliert, worauf Sie richtige Antwortmöglichkeiten finden sollen. Der anschließende Lösungsteil wird Ihnen aufzeigen, ob Sie auf der richtigen Fährte sind! Danach formulieren Sie wieder Ihre eigenen Kombinationen!
1. Frage: Da Sie bisher keinen Einwand vorgebracht haben, sind Sie sicher mit allen Punkten einverstanden und unterschreiben den Vertrag?
Antwort: ....
2. Frage: Sie glauben doch nicht ernsthaft, dass ich Ihnen diese Geschichte abkaufe?
Antwort: ....
3. Frage: Pelzträger sind Tiermörder! Sie sind doch sicherlich auch dieser Meinung?
Antwort: ....
4. Frage: Der neue Kollege ist eine einzige Zumutung! Du unterschreibst doch auch unser Protestschreiben an den Chef?
Antwort: ....
5. Frage: Sie sind Ihren Aufgaben anscheinend nicht mehr gewachsen. Glauben Sie nicht auch, dass es das Beste für Sie wäre, in Pension zu gehen?
Antwort: ....

Lösungen

1. Meine Einwände erfolgen schriftlich, da mündliche oft gar nicht ernst genommen werden!
2. Von Abkaufen war nie die Rede!
3. Das muss jeder für sich entscheiden!
4. Du willst wohl mit reinen Suggestivfragen die Mitarbeiter zum Unterschreiben gegen den Kollegen bringen? Das ist absolut unfair von dir!
5. Das ist eine glatte Unterstellung! Wenn Sie glauben, dass Sie mich durch Suggestivfragen einschüchtern können, dann haben Sie sich getäuscht!

Definitionsfragen

Der Trick der Definitionsfrage liegt darin, dass Sie, wenn Sie jemanden etwas definieren lassen, leichter erkennen können, welche Vorstellungen, Werte, Grundhaltungen ein Mensch hat. Unsere Sprache ist sehr umfassend, und daher lassen sich Begriffe auf die unterschiedlichste Art und Weise definieren. Bei einer Definition gibt ein Mensch viel von seiner Persönlichkeit preis!

Gegenstrategie: Geben Sie die Definitionsfrage zurück und lassen Sie den Fragesteller selbst definieren.

Beispiel
Frage: Was verstehen Sie denn unter richtig Arbeiten?
Antwort: Wie würden denn Sie diesen Begriff definieren?
Definitionsfragen lassen sich überhaupt gut als Antworttechnik einsetzen! Persönliche Angriffe können dadurch abgewehrt werden.

Beispiel
Frage: Bis jetzt waren Sie wohl in keinem Job erfolgreich?
Antwort: Was verstehen Sie denn unter Erfolgreichsein? Oder: Welche Kriterien definieren Sie, damit Erfolg messbar wird?
Da durch Definitionsfragen Begriffe und Aussagen persönlich präzisiert werden, lässt sich einerseits leichter eine Konsensfindung erwirken, andererseits kann durch das Erkennen von gegensätzlichen Auffassungen gerade bei den Gegensätzen eingehakt werden.

Konkretisierungsfragen

Konkretisierungsfragen haben Sie schon beim Aufbrechen von Tilgungen, Generalisierungen und Verzerrungen kennen gelernt. Der Trick liegt darin, dass man den anderen durch spezielle Fragen auffordert, eine unklare Äußerung auf den Punkt zu bringen, um dadurch genauere Informationen zu erhalten bzw. dass man dem Gesprächspartner selbst hilft, ein genaueres Bild von seinen eigenen Vorstellungen zu bekommen. Typische Fragen sind:

- Wie genau?
- Was genau?
- Wie konkret?
- Können Sie Ihre Aussage durch ein Beispiel auf den Punkt bringen?

Beispiel
Sie sprachen von sozialer Gerechtigkeit! Was verstehen Sie konkret darunter?

Gegenstrategie: Gehen Sie auf die Fragestellung nicht ein! Wenn Sie sich nicht festnageln lassen wollen, blocken Sie ab mit Redewendungen wie:

- Ich will mich darauf gar nicht näher einlassen!
- Diese Frage stellt sich gar nicht!
- Ich lasse mich doch nicht ausfragen!
- Kein weiterer Kommentar!

Übertreibungs- oder Überspitzungsfragen

Der Trick der Übertreibungs- oder Überspitzungsfrage liegt darin, dass mit Hilfe von Übertreibungen die Aussage des anderen in Frage gestellt, überspitzt, lächerlich gemacht wird.
Übertreibung kann auch dadurch erzielt werden, dass man eine Äußerung bewusst falsch versteht bzw. bewusst falsche Gleichsetzungen anstellt! Sehr oft wird dabei mit bildhaften Ausdrücken oder Wortspielen gearbeitet.

Gegenstrategien:

- 1. Beharren Sie auf Ihrer Aussage!
- 2. Greifen Sie bewusst Ihr verwendetes Vokabular noch einmal auf!
- 3. Kontern Sie eventuell mit einer Übertreibung!

Übung ✓

Zur Veranschaulichung der Formulierung von Übertreibungsfragen und des richtigen Zurückweisens werden Ihnen in Folge fünf Beispiele mit Lösungen präsentiert!

Frage: (Ein Arzt hat an einen Kongress noch ein paar Urlaubstage angehängt.) Haben Sie, Herr Kollege, eigentlich kein schlechtes Gewissen, wenn Sie sich für einen Kongress freistellen lassen, nur um einen zusätzlichen Urlaub zu haben, während wir hier rund um die Uhr im Einsatz sein müssen?

Antwort: Das ist falsch, das wissen Sie genau, ich habe lediglich das Wochenende, das ich frei hatte, noch am Kongressort verbracht!

Frage: (Beschwerden über den Service im Gastgewerbe.)
Bewegen Sie sich in Ihrem Privatleben auch so langsam wie bei der Bedienung? Da wird Ihre Frau aber keinen Spaß daran haben!

Antwort: Sie sollten nicht von sich auf andere schließen!

Frage: Trainierst du noch immer so viel? Du glaubst wohl, Muskelmasse ersetzt Gehirnmasse?

Antwort: Besser Masse als gar nichts!

Frage: Gehst du noch immer so viel ins Solarium? Du denkst wohl, geselchtes Fleisch hält sich länger?

Antwort: Besser eine gute Konsistenz als Weichheit in jeder Lage!

Frage: Du bist wohl mit nichts zufrieden und findest in jeder Suppe ein Haar?

Antwort: Besser man sieht das Haar, als man schluckt es!

Übung

In Folge finden Sie fünf Übertreibungsfragen formuliert, auf die Sie richtige Antwortmöglichkeiten finden sollen. Der anschließende Lösungsteil wird Ihnen aufzeigen, ob Sie auf der richtigen Fährte sind. Danach formulieren Sie wieder Ihre eigenen Kombinationen.

1. Frage: Hast du nichts Besseres in deiner Freizeit zu tun, als jeden Tag zwei Stunden laufen zu gehen? Glaubst du, der Nurmi läuft dir davon?

Antwort: ....

2. Frage: Kannst du nicht einmal wie ein normaler Mensch mit dem Auto fahren?

Antwort: ....

3. Frage: Genierst du dich eigentlich nicht, dass du so dick wie Miss Piggy bist?

Antwort: ....

4. Frage: Isst du immer so viel, dass man meinen könnte, du hättest schon seit Tagen nichts mehr zu essen bekommen?
Antwort: ....
5. Frage: (Ein Mann bestellt sein zweites Bier.)
Versäufst du eigentlich immer dein ganzes Gehalt?
Antwort: ....

Lösungen

1. Besser rasch unterwegs als langsam gelangweilt!
2. Wie fahren normale Menschen Auto?
3. Aus meiner Erfahrung weiß ich, dass Männer gerne ins Volle greifen!
4. Bekommen schon, aber es ist schon wieder durchmarschiert!
5. Wenn es nur bei meinem Gehalt bleiben würde!

Festnagelungs-/Introspektions-/Einschätzungsfragen

Der Trick der so genannten Festnagelungs-, Introspektions- oder Einschätzungsfrage liegt darin, vom anderen eine persönliche Einschätzung zu einem bestimmten Sachverhalt zu verlangen. Dadurch wird ein späteres Festnageln auf eben diese Einschätzung möglich!

Gegenstrategie: Lassen Sie sich nicht festnageln! Verzichten Sie daher auf eine persönliche Stellungnahme bei einer Angelegenheit, die für Sie noch nicht ausgegoren ist!

Übung ✓

Zur Veranschaulichung der Formulierung von Festnagelungsfragen und des richtigen Zurückweisens werden Ihnen in Folge fünf Beispiele mit Lösungen präsentiert!

Beispiele

Frage: Wenn Sie noch einmal die gestrige Sitzung Revue passieren lassen, wie beurteilen Sie die jetzige Situation unserer Firma?
Antwort: Ich muss mir da noch ein genaueres Bild machen, um eine Einschätzung abgeben zu können!

Frage: Was sagst du zu seinem Verhalten? Das war doch nicht okay von ihm, oder?
Antwort: Ich mische mich prinzipiell in Privatangelegenheiten nicht ein. Das müsst ihr euch schon selbst ausmachen!

Frage: Was meinst du, soll ich mich diesem Mobbying noch weiter aussetzen oder soll ich mir eine andere Arbeitsstätte suchen?
Antwort: Das musst du selbst entscheiden, aber überlege dir die Für und Wider gut, bevor du vielleicht einen voreiligen Schritt unternimmst!

Frage: Wie beurteilen Sie die derzeitige Wirtschaftslage? Was meinen Sie, sollte ich mein Geld eher anlegen oder in Immobilien investieren?
Antwort: Da kann und da will ich Ihnen keinen Rat geben, am besten, Sie holen bei fachkundigen Leuten weitere Informationen ein und treffen Ihre Entscheidung erst danach!

Frage: Wie beurteilen Sie das derzeitige politische Geschehen?
Antwort: Darüber muss sich jeder selbst seine Meinung bilden!

Überleitungs- oder Verknüpfungsfragen

Der Trick der Überleitungs- oder Verknüpfungsfragen liegt darin, eine bisherige Thematik abzuschließen oder von einer bisherigen Thematik weg- bzw. zu einer anderen hinzuführen!
Damit dieser Gedankensprung leichter gemacht wird, wird sehr oft mit sprachlichen Tricks gearbeitet! Sie können zum Beispiel häufige Äußerungen in einen neuen Kontext stellen oder Sie schaffen überhaupt eine neue Aussageebene, indem Sie einen Begriff, den Ihr Gesprächspartner verwendet, zur Gänze oder zum Teil aufgreifen und mit einem Begriff der neuen Aussageebene verquicken.

Beispiel
Offenbar kennen Sie sich gut mit Arbeitstipps aus – haben Sie solche Kenntnisse auch bei Freizeittipps?

Gegenstrategie: Hören Sie genau hin, erkennen Sie dadurch das Wortspiel, die Verbindungstaktik, und gehen Sie nicht darauf ein! Bleiben Sie bei Ihrer vorherigen Thematik.

Übung ✓

Zur Veranschaulichung der Formulierung von Überleitungs- oder Verknüpfungsfragen und des richtigen Zurückweisens werden Ihnen in der Folge fünf Beispiele mit Lösungen präsentiert!

Beispiele

Frage: Sie verlieren leicht die Nerven bei Autostaus, passiert Ihnen das bei Beziehungsstaus auch?
Antwort: Es ist nun einmal anstrengend, bei der Hitze im Stau zu stehen!

Frage: Wie man hört, ist der Laufsport Ihr Lebenselixier. Gibt es noch weitere Lebenselixiere?
Antwort: Wie Sie richtig erkannt haben, ist Laufen nicht nur eine Sportart, sondern eine Lebenseinstellung!

Frage: Wenn Sie die Chance hätten, noch einmal vor der Berufswahl zu stehen, welchen anderen Beruf – außer den Ihren – würden Sie jetzt ins Kalkül ziehen und warum? (Doppelfragen erhöhen die Bereitschaft zu antworten.)
Antwort: Für mich kommt kein anderer Beruf in Frage als der meine.

Frage: Dieser Krimi ist sicher sehr spannend, aber welchen anderen Krimi oder welches andere Buch könnten Sie uns noch empfehlen?
Antwort: Lesen Sie erst einmal diesen Krimi, Sie werden begeistert sein.

Frage: Du hast uns heute die ganze Zeit über von deinem Freund XY erzählt, gibt es eigentlich noch etwas anderes in deinem Kopf als den XY?
Antwort: Der XY ist eben mein Leben!

Übung

In der Folge finden Sie fünf Überleitungsfragen, auf die Sie richtige Antworten finden sollen! Der anschließende Lösungsteil wird Ihnen aufzeigen, ob Sie auf der richtigen Fährte sind! Danach formulieren Sie wieder Ihre eigenen Kombinationen!

1. Frage: Fußball interessiert dich anscheinend sehr, welche anderen Interessen hast du noch?
Antwort: ....

2. Frage: Sie sprachen gerade von Ihrer angespannten Beziehung zu Ihren männlichen Kollegen, wie ist eigentlich Ihre Beziehung zu Ihrem Ehemann?
Antwort: ....

3. Frage: Gibt es eigentlich Parallelen zwischen Ihrem beruflichen Tätigkeitsfeld, das Sie uns jetzt ausführlich geschildert haben, und Ihren Tätigkeitsfeldern in der Freizeit?
Antwort: ....
4. Frage: Sie haben uns jetzt sehr viel über Ihren Plan, Haus zu bauen, erzählt, wie sieht eigentlich überhaupt Ihr zukünftiger Lebensplan aus?
Antwort: ....
5. Frage: Haben Sie noch andere Gesundheitstipps auf Lager außer der gesunden Ernährung, die Sie favorisieren?
Antwort: ....

Lösungen

1. Einem richtigen Fußballer geht das Fußballspielen über alles!
2. Die Kollegen sollen eben wissen, wo ihre Grenzen sind!
3. Der Job ist nun einmal ein wichtiger Aspekt im Leben, über den es daher viel zu erzählen gibt!
4. Das Haus nimmt mich jetzt voll in Anspruch!
5. Die Ernährung ist ein wichtiger Grundbaustein fürs Gesundbleiben, daher kann gar nicht genug darüber gesprochen werden!

Provokativfragen (Schockfragen)

Der Trick der Provokativfrage liegt darin, den anderen aus der Reserve zu locken, in ihm Emotionen zu wecken bzw. ihn zu einer Stellungnahme zu veranlassen. Auch bei dieser Fragetechnik ist der Einbau von bestimmten Schlüsselwörtern signifikant wie:

➔ eigentlich
➔ wenigstens
➔ überhaupt
➔ wirklich

Sie sehen also, dass Füllwörter, an bestimmten Stellen bewusst eingesetzt, sehr wohl eine Bedeutung haben können. Es kommt aber auf die bewusst verstärkende Wirkung an, die Sie dadurch erreichen wollen. Im „normalen“ Sprachgebrauch gilt es Füllwörter zu vermeiden!

Beispiel

➔ Können Sie das überhaupt verantworten?
➔ Ist das wirklich Ihr Ernst?

Sie können die schockierende, bissige, provozierende Wirkung durch weitere verletzende Beiwörter/Wortspiele erhöhen:

Beispiel

➔ Können Sie das mit Ihrem begrenzten Weitblick verantworten?
➔ Können Sie das als selbst ernannter Fachmann denn eigentlich verantworten?

Gegenstrategien:
Lassen Sie sich nicht provozieren! Bleiben Sie sachlich, gelassen! Am besten können Sie das erreichen, wenn Sie
1. die Provokativfrage als erkannt ansprechen:

➔ Ich reagiere nicht auf provokative Fragen!
➔ Ich bin dafür bekannt, dass ich mich nicht provozieren lasse/unter Druck setzen lasse!

2. die falsche Unterstellung berichtigen mit Aussagen wie:

➔ Damit liegen Sie leider nicht richtig!
➔ Wollen oder können Sie mich nicht verstehen?
➔ Das ist Ihre ganz persönliche Ansicht!
➔ Können Sie auch andere Meinungen akzeptieren?

3. die falsche Unterstellung richtig stellen oder zurückweisen und danach eine Unterstellungsfrage anschließen:
Frage: Haben Sie den Sachverhalt noch immer nicht kapiert?
Antwort: Mir ist alles ganz klar! Wo liegt Ihr Problem?
(Durch die hintangestellte Frage werfen Sie den Ball zurück, und der Angreifer wird seinerseits zur Stellungnahme genötigt!)

Übung ✓

Zur Veranschaulichung der Formulierung von Schock- oder Provokativfragen und des richtigen Zurückweisens werden Ihnen in Folge fünf Beispiele mit Lösungen präsentiert!

Beispiele

Frage: Gratuliere, jetzt bist du ja endlich einmal mit dem Studium fertig, nun wirst du sehen, was es heißt zu arbeiten!
Antwort: Wenn ich das nicht wüsste, würde ich wohl kaum jetzt hier stehen!

Frage: Was sagen Sie als Unbeteiligter zum Thema Intelligenz?
Antwort: Wenn ich Ihren IQ erreicht habe, werde ich mit dem Buchstabieren des Wortes Intelligenz beginnen!

Frage: Mein alter Arzt hat mir immer dieses Medikament verschrieben. Lassen Sie sich doch Ihr Studium zurückgeben, wenn Sie nicht wissen, dass man bei der Krankheit XY das Medikament XY verschreibt!
Antwort: Tja, wenn das so leicht ginge, ich habe es ja nicht geschenkt bekommen!

Frage: Mein Kontrahent will mich über den Tisch ziehen, will mich ruinieren und Sie kommen mir mit Fakten und Beweislage! Sie wollen mir ein Rechtsbeistand sei? Ein Rechtsverdreher sind Sie bestenfalls!
Antwort: Tja, das zeichnet diesen Berufsstand aus, man muss dabei immer geistig flexibel sein!

Frage: So eine Friseuse hat doch einen herrlichen Beruf! Man quatscht den ganzen Tag mit der Kundschaft und wird dafür nicht nur bezahlt, sondern bekommt auch noch ein saftiges Trinkgeld!
Antwort: Tja, der eine geht zum Friseur und der andere zum Psychiater!

Übung

In Folge werden Ihnen fünf Schockfragen präsentiert, auf die Sie richtige Antworten finden sollen. Der anschließende Lösungsteil wird Ihnen aufzeigen, ob Sie auf der richtigen Fährte sind. Danach formulieren Sie wieder eigene Kombinationen.
1. Frage: Ach Gott, was haben Sie doch für ein herrliches Leben, so als nur Hausfrau und Mutter! Da können Sie sich den ganzen Tag über pflegen und hegen und den Herrgott einen guten Mann sein lassen! Wird Ihnen da nicht langweilig?
Antwort: ....

2. Frage: Du als Selbstständiger weißt ja gar nicht, was es heißt, täglich dem Arbeitsdruck und dem Konkurrenzkampf ausgeliefert zu sein! Du fährst den ganzen Tag mit dem Auto spazieren, telefonierst bestenfalls ein bisschen in der Weltgeschichte herum und machst damit auch noch deine Kohle!
Antwort: ....
3. Frage: Du als Lehrer hast ja nur einen Halbtagsjob, was weißt du denn vom Arbeiten?
Antwort: ....
4. Frage: Die Führung eines Unternehmens vergleichen Sie wohl mit U-Bahn-Fahren? Sie steigen einfach in irgendeinen Zug ein und denken, irgendwo werden Sie schon ankommen!
Antwort: ....
5. Frage: Zahnarzt müsste man sein, da verdient man sich goldene Nasen dafür, dass man ein bisschen in den Zähnen von anderen herumbohrt!
Antwort: ....

Lösungen

1. Wenn ich Ihren IQ hätte, dann schon!
2. Wenn das so ist, wie du sagst, wundert es mich, dass ich so wenige Leute bei meinen täglichen Spazierfahrten treffe, weiß man doch, dass die Zahl der Selbstständigen im Steigen ist!
3. Hättest was gelernt und wärest Lehrer geworden, dann könntest du dir deine Zeit eben auch flexibler einteilen!
4. Ich bin kein U-Bahn-Fahrer! Ist U-Bahn-Fahren wirklich so einfach?
5. Na ja, eben gewusst, wo!

Sokratische Fragen (Ja-Sagen-Straße)

Der Trick der Sokratischen Frage liegt darin, über eine Reihe von Fragen, die Sie sich von Ihrem Gesprächspartner jeweils durch ein Kopfnicken oder noch besser ein deutliches Ja bestätigen lassen, zu einer letzten Frage zu gelangen, welche die eigentliche Hauptfrage ist, die dann in letzter Konsequenz durch die vorangegangenen Bejahungen eine Bestätigung erfährt! Auf Grund dieser Technik der Fragenreihe spricht man auch von der Ja-Sagen-Straße:

Beispiel 1

➔ Sie sind also mit Ihrer Arbeit zufrieden? Ja!
➔ Sie fühlen sich in unserer Firma wohl? Ja!
➔ Sie sind sicherlich auch am Bestehenbleiben unserer Firma interessiert? Ja!
➔ Sie haben aber auch schon bemerkt, dass wir in eine Rezession geschlittert sind? Ja!
➔ Sie wollen aber trotzdem den Job behalten? Ja!
➔ Dann sind Sie sicher mit einer solidarischen Gehaltskürzung einverstanden? Ja!

Beispiel 2

➔ Die Kindererziehung ist sicherlich eine äußerst schwierige Aufgabe, nicht wahr? Ja!
➔ Wird sie nicht heutzutage, in einer Zeit, in der die Gefahr des Drogenkonsums und der so genannte Spaßfaktor immer mehr zunehmen, noch wichtiger? Ja!
➔ Wird da nicht voller Einsatz von den Eltern verlangt? Ja!
➔ Sie stimmen mir doch zu, dass volles Verantwortungsbewusstsein wieder nur von einem Menschen abverlangt werden kann, der fähig ist, für sein eigenes Leben Verantwortung zu übernehmen? Ja!
➔ Dann liegt es doch klar auf der Hand, dass mir das alleinige Sorgerecht für unser Kind zugesprochen wird. Hat doch mein Mann durch sein Fremdgehen bewiesen, dass er der Verantwortung einer Familie nicht gewachsen ist, nicht wahr? Ja!

Beispiel 3

➔ Die Fitnesswelle nimmt immer mehr zu, nicht wahr? Ja!
➔ Du willst doch auch schlank und gesund bleiben? Ja!
➔ Du weißt doch auch, dass die Ernährung dabei eine wichtige Rolle spielt? Ja!
➔ Und dass Gemüse ein wahrer Schlankmacher und Energiebringer ist? Ja!
➔ Dann freust du dich sicherlich, wenn du hörst, dass wir heute zu Mittag Fisolen und Karotten bekommen und nicht einen Brocken Fleisch, eben alles für die Schönheit und für die Gesundheit, nicht wahr? Ja!

Beispiel 4

➔ Heutzutage will jeder erfolgreich sein und die Karriereleiter hinaufklettern, nicht wahr? Ja!

➔ Sie sind doch auch ein karriereorientierter Mensch! Ja!
➔ Sie wollen doch auch nicht Ihr ganzes Leben nur eine ruhige Kugel schieben, abseits von jeglicher Aufstiegs- und Erfolgsmöglichkeit, nicht wahr? Ja!
➔ Sie sind ein Mensch, in dem ein ungeheures Entwicklungspotenzial steckt, das aber leider hier brach liegt, nicht wahr? Ja!
➔ In unserem Haus gibt es leider für Sie keine Verwirklichungschancen, da Sie bei uns eine Position bekleiden, in der Sie Ihr Wissen und Ihre Fähigkeiten nicht voll einbringen können! Sie sehen daher sicherlich auch Ihre Zukunft nicht bei uns, sondern in einer Firma, die Ihnen die Möglichkeit bieten kann, erfolgreich durchzustarten, nicht wahr? Ja!

Beispiel 5
➔ Dein Vater und ich, wir gehen beide arbeiten, damit wir unseren Lebensstandard halten können und damit du eine schöne Zukunft hast! Du willst ja auch mit den anderen deiner Clique mithalten können, nicht wahr? Ja!
➔ Du bist nach der Schule viel alleine zu Hause. Ein junger Mensch will aber doch sicherlich mehr mit Gleichaltrigen zusammen sein? Ja!
➔ Die Hausaufgaben sind sicherlich leichter zu bewältigen, wenn man sie gemeinsam machen kann? Ja!
➔ Und nach dem Aufgabemachen willst du doch auch lieber mit Freunden spielen, als alleine zu sein oder zu warten, bis sich endlich eine Freundin meldet und für dich Zeit hat? Ja!
➔ Wenn man direkt unter Gleichaltrigen ist, fühlt man sich nicht einsam und ist auch nicht darauf angewiesen, ob jemand Zeit für einen hat oder nicht, nicht wahr? Ja!
➔ Dann wirst du dich sicherlich freuen, wenn du erfährst, dass dein Vater und ich dich ab Herbst in einem Internat angemeldet haben, wo du Tag und Nacht von Gleichaltrigen umgeben bist, wo du dadurch leicht neue Freunde gewinnen kannst und weder beim Lernen noch in deiner Freizeit alleine bist, nicht wahr? Ja!

Nach all diesen Beispielen ist Ihnen vielleicht der Trick der Sokratischen Frage noch klarer geworden, nämlich, dass durch das Bejahenkönnen mehrerer Fragen hintereinander die Bejahung der eigentlichen Frage, um die es im Konkreten geht, leichter fällt!

Gegenstrategie: Lassen Sie sich durch diese Ja-Fragen-Straße nicht in die Ja-Einbahnstraße drängen, sondern halten Sie bewusst Ihr Ja-Sagen an und gehen Sie konkret durch eine Stellungnahme – und nicht durch ein Ja oder Nein – auf die Frage ein, die Sie, da sie meist äußerst heikel ist, als die eigentliche erkennen können.

Psychologische Verhaltensfragen

Der Trick der psychologischen Verhaltensfrage liegt darin, dass Sie Ihrem Gegenüber bereits in der Fragestellung ein Feedback, eine Rückmeldung auf sein Verhalten geben, wodurch dieses durch Sie nicht nur interpretiert wird, sondern wodurch Sie den anderen auch unter Druck setzen können.

Beispiel
Sie haben noch keine Frage offen und ehrlich beantwortet, fühlen Sie sich befangen?

Gegenstrategie: Lassen Sie die Interpretation so nicht zu, fühlen Sie sich nur für sich selbst verantwortlich, nicht aber für die Interpretation des anderen und lassen Sie sich daher nicht unter Druck setzen!

Beispiele
Frage: Empfindest du dein Verhalten in dieser Situation nicht auch als unangenehm?
Antwort: Ich verstehe nicht, was du meinst!

Frage: Sie reagieren äußerst aggressiv auf die Erläuterungen Ihres Kollegen! Was verärgert Sie so sehr?
Antwort: Ach, da kennen Sie mich aber ziemlich schlecht!

Frage: Sie haben noch kein einziges Statement abgegeben. Ist Ihnen denn dieses Thema peinlich?
Antwort: Ich höre gerne zu!

Frage: Du redest die ganze Zeit über deine Probleme! Findest du nicht auch, dass es endlich an der Zeit ist, dass du auch mich einmal fragst, wie es mir eigentlich geht?

Antwort: Ich will dir nur einen Einblick in meinen Seelenzustand geben, damit du mich besser verstehen kannst!

Frage: Wenn ich Sie recht verstehe, haben Sie die Tabletten nicht genommen, finden Sie dieses Verhalten nicht kindisch und verantwortungslos?
Antwort: Ich höre eben auf meinen Körper!

Frage: Sie halten also die Forderungen, die Ihre Frau an Sie stellt, für nicht gerechtfertigt? Die Annehmlichkeiten, die Sie aber davon hatten, dass sie ihren Job aufgegeben hat, um flexibel für Sie da zu sein und Sie auf Ihren Dienstreisen begleiten zu können, die fanden Sie schon angebracht? Wie lässt sich dieser absolute Widerspruch mit Ihrem Gewissen vereinbaren?
Antwort: Das haben Sie richtig erkannt, meine Frau führte durch mich ein sehr angenehmes Leben!

Frage: Ich finde, dass mir weder das rote noch das blaue Kleid steht! Warum wollen Sie mir etwas einreden, von dem Sie ja selbst sehen müssen, dass es unmöglich ist?
Antwort: Zweifeln Sie an meinem Geschmack?

Checkliste: Fragestellungen und Gegenstrategien

Das Grundprinzip der Fragestellungen, die darauf abzielen, vom anderen mehr Information zu bekommen oder den Gesprächspartner auf eine bestimmte Schiene zu lenken, ist, dass Sie Ob-Fragen, also geschlossene Fragen, in W-Fragen, also offene Fragen, umwandeln!
Geschlossene Fragen haben lediglich großen Wert bei Ja-Sagen-Straßen, also bei der Sokratischen Fragestellung, bzw. wenn Sie ein klares Ja oder Nein hinsichtlich eines bestimmten Sachverhaltes haben wollen, also auch bei der Verhörtechnik!
Offene Fragen hingegen lassen ein freieres Spiel mit der Sprache zu, und somit bieten sie die Möglichkeit, ein Gespräch anzuheizen, neue Perspektiven zu eröffnen, auf bestimmte, eben andere als vom Gesprächspartner beabsichtigte gedankliche Schienen zu lenken, aber auch um den anderen besser kennen zu lernen, mehr von ihm zu erfahren!

Unterstellungsfragen

Trick: Einflechtung der Unterstellung in die Fragestellung/Voraussetzen von bestimmter (angeblicher) Tatsache und nur noch Abfragen von Detail. Zwei Möglichkeiten:

1. **Positive Unterstellung:** bewirkt Motivation zur Beantwortung: Beispiel: Wieso sind Sie so erfolgreich auf allen Gebieten?
2. **Negative Unterstellung:** bewusste Verunsicherung des anderen: Beispiel: Wieso sind Sie überall so unbeliebt?

Modifikationen

1. Einflechten einer **Vorgabe hinsichtlich der Anzahl der Antworten** Beispiel: Welche drei Aspekte haben Ihnen gefallen?
2. **Voranstellen eines Szenarios**, dann Unterstellungsfrage, dann Schweigen.

Beispiel
Es ist leider hinlänglich bewiesen, dass die Verletzungsgefahr bei der Ausübung sportlicher Aktivitäten ein Thema ist, das immer mehr an Bedeutung gewinnt, betrachtet man die ansteigenden Krankenstände. Welche Maßnahmen treffen Sie, um die Gefahr, sich beim Ausüben von Sport zu verletzen, zu verringern, damit Sie möglichst nicht in Ihrem Job ausfallen?

Gegenstrategie: Nichteingehen auf Unterstellung. Bei negativer Unterstellung: Begründen des Gegenteils.

Beispiel
Frage: Welche Misserfolge hatten Sie in letzter Zeit?
Antwort: Lassen Sie mich über meine Erfolge sprechen, die werden Sie verblüffen!

Feststellungsfragen

Trick: Kombination von positiver/negativer Färbung des Szenarios der Feststellung und **nachgestellter positiver/negativer Färbung der Fragestellung.**

Zwei Möglichkeiten:

1. **sachliches Szenario und Feststellungsfrage**: Zu einem perfekten Auftreten gehört auch eine entsprechende Kleidung, ein entsprechendes Outfit! Wieso ist dies eigentlich so?
2. **wertendes Szenario und wertende Feststellungsfrage**:
   a) Positives Szenario und positive Feststellungsfrage: Sie sind eine Karrierefrau? Worin besteht Ihr Erfolgsgeheimnis? Wie formulieren Sie Ihre ganz private positive Lebenseinstellung?
   b) Negatives Szenario und negative Feststellungsfrage: Sie als Arzt können mit Menschen, mit Ihren Patienten überhaupt nicht umgehen! Womit kompensieren Sie diese Schwäche, sodass Sie überhaupt noch Patienten haben?
   c) Positives Szenario und negative Feststellungsfrage: Sie sind ein anerkannter, bekannter Anwalt! Welche Fälle waren für Sie die markantesten, die Sie verloren haben?
   d) Negatives Szenario und positive Feststellungsfrage: Dass Sie schlichtweg ein Versager sind, ist hinlänglich bekannt! Wie ist Ihnen nur dieses Projekt so toll gelungen?

Gegenstrategie: Achten Sie auf die emotionalen Schienen, die durch die Szenarien bzw. durch die Fragestellungen angesprochen werden! Beziehen Sie sich unbedingt auf den Aussageteil, nicht auf den Frageteil!
Zu obigem Beispiel kontern Sie etwa folgendermaßen:
Dass Sie mich als Versager sehen, ist ausschließlich Ihr Problem!

Motivationsfragen

Trick: Immer positiv formuliert! Sprechen Sie etwas an, worauf der Gesprächspartner stolz sein kann, oder auch etwas, was Sie ihm suggerieren, dass er darauf stolz sein könne! Das Ansprechen des idealen Selbstbildes des Gesprächspartners wird kombiniert meist mit vorangegangenem Szenario!

Beispiel
Du bist bekannt als die beste Köchin weit und breit! Wie machst du das, dass du die unterschiedlichsten Gaumen so perfekt verwöhnen kannst?

Gegenstrategie: Bedanken Sie sich für die Anerkennung! Wenn Sie nicht dem geforderten Wunsch Folge leisten wollen, weisen Sie ihn ohne weiteres zurück oder kombinieren Sie ihn mit einer Gegenleistung!

Alternativfragen

Trick: Durch die Vorgabe von zwei Möglichkeiten erzielt man die Einschränkung bzw. die Hinlenkung der Antwort auf die beiden vorgegebenen Varianten. Für die Kombination mit einem vorangestellten Szenario eignet sich besonders ein positiv wertendes Szenario!

Beispiel
Sie sind als ein gerechter Lehrer bekannt! Plädieren Sie für Ausschluss oder für eine starke Verwarnung mit entsprechender Bestrafung des Schülers?

Gegenstrategie: Ablehnung beider Varianten!

Was-wäre-wenn-Fragen

Trick: Herausforderung, zu einer Situation Stellung zu nehmen, die nur hypothetisch ist, wobei die dahinter steckende (oft negative) Absicht des Fragenden nicht sofort erkannt wird bzw. nicht unmittelbar erkennbar ist!

Beispiel
Was wäre, wenn Sie ein tragendes politisches Amt bekleiden dürften, für welches würden Sie sich entscheiden?

Modifikationen

a. Ableitung einer Allgemeingültigkeit auf ein Spezifikum/Ableitung einer Gruppenentscheidung auf die Entscheidung des Einzelnen, oftmals kombiniert mit einer Suggestivfrage!
   Zum Beispiel: Was wäre, wenn die gesamte Klasse nichts für den Test lernen würde, du würdest doch auch mitmachen, nicht wahr?
b. Ablenkung vom Problem(komplex) durch Besprechung/Klärung von Teilproblem/-aspekt!
c. Szenarien, die der Befragte von selbst entwirft.

Gegenstrategie: Nichteingehen auf entwickeltes Szenario!

Doppel-/Mehrfachfragen

Trick: Stellen von zwei oder mehreren offenen Fragen hintereinander, um den anderen zum Sprechen zu bringen!

Beispiel
Wie gelingt dir die Kombination deiner beiden Jobs, und wie managst du dein ausgefülltes Berufsleben mit deinem Privatleben?

Gegenstrategie: Beantwortung von immer nur einer Frage und danach Wiederholenlassen der nächsten Frage oder äußerst knappe Beantwortung!

Fangfragen

Trick: Stellen einer indirekten Frage zum Ermitteln eines Sachverhaltes, der selbst nicht direkt angesprochen/erfragt wird! Es wird somit nach anderen Dingen gefragt, als das Frageziel vorgibt! Bewusster Einbezug von Tilgungen, Verallgemeinerungen, Verzerrungen.

Beispiel
Wohnst du mit deinem Freund in einem Haushalt oder habt ihr getrennte Wohnungen?
(Sie wollen nicht die Wohnsituation der beiden wissen, sondern ob die Befragte überhaupt einen Freund hat!)

Gegenstrategie: Nichteingehen auf die Frage! Beantwortung erfolgt mittels einer Gegenfrage oder mittels einer Floskel!

Suggestivfragen

Trick: Vorgeben der gewünschten Antwort durch den Fragesteller und dadurch Suggerierung der angeblichen Notwendigkeit einer Zustimmung! Einbezug von Unterstellungen, Generalisierungen, Übertreibungen, von Floskeln, bestimmten Worten, die Suggestivwirkung haben!
Typische Satzanfänge:

- ➔ Finden Sie nicht auch, dass ...
- ➔ Sie stimmen mir doch sicherlich zu, dass ...
- ➔ Sie sind doch auch mit uns einer Meinung, dass ...

Typische Worte mit Suggestivwirkung:

- sicher
- sicherlich
- gewiss
- doch
- doch auch
- nicht wahr
- ja
- wohl
- wohl auch ...

Einbezug der wertenden (zustimmenden oder ablehnenden) Körpersprache!

Gegenstrategie

- Bewusstes Vertreten der eigenen Meinung!
- Die Suggestivfrage als erkannt ansprechen und die Beantwortung ablehnen!
- Antworten mit einer Suggestivfrage!

Typische Suggestivgegenfragen:

- Sie wollen mir doch keine Suggestivfrage stellen, nicht wahr?
- Warum versuchen Sie durch Suggestivfragen zu manipulieren?

Verständnisfragen/Interpretierende Fragen/Differenzierungs- und Unterscheidungsfragen

Trick: Lassen Sie den anderen deutlich seine Sichtweise darlegen!

Beispiele

- Gehe ich recht in der Annahme, dass ...?
- Wenn ich Sie recht verstanden habe, dann ...?
- Sie sprachen von ...,
- Gibt es das denn oder muss man da nicht differenzieren?
- Sie können auch mit „Also-Somit-Konstruktionen“ arbeiten:

Also fühlen Sie sich ... Somit glauben Sie ...?

Definitionsfragen

Trick: Aufforderung zum Definierenlassen von Vorstellungen, Wünschen, etc. durch den Gesprächspartner selbst.

Beispiele

- Wie definieren Sie ...?
- Was verstehen Sie unter ...?

Gegenstrategie: Zurückgabe der Definitionsfrage und den Fragesteller selbst definieren lassen!

Beispiel
Ich möchte auf eine Definition meinerseits vorerst verzichten und lieber von Ihnen wissen, was Sie unter ... verstehen!

Konkretisierungsfragen

Trick: Sich verschiedene Äußerungen präzisieren lassen! Typische Fragen:

- Wie genau?
- Was konkret?
- Wo/wann genau? ...

Beispiel
Was konkret ist die Quintessenz Ihrer Aussage?

Gegenstrategie: Nichteingehen auf Fragestellung! Abblocken mit Redewendungen wie:

- Ich will mich (darauf) nicht näher festlegen!
- Diese Frage stellt sich nicht!
- Ich lasse mich doch nicht ausfragen!
- Kein Kommentar!

Übertreibungs-/Überspitzungsfragen

Trick: Infragestellung, Lächerlichmachung der Aussage des anderen. Bewusstes Falschverstehen der Äußerung des anderen. Bewusste falsche Gleichstellungen. Einarbeitung von bildhaften Ausdrücken/Wortspielen.

Gegenstrategie

- ➔ Beharren auf der eigenen Aussage.
- ➔ Greifen Sie bewusst Ihr verwendetes Vokabular auf!
- ➔ Kontern Sie eventuell auch mit Übertreibungen!

Festnagelungs-/Einschätzungsfragen

Trick: Verlangen Sie die persönliche Einschätzung eines Sachverhaltes/ einer Situation von dem Gesprächspartner, Sie können ihn später auf genau diese Einschätzung festnageln!

Gegenstrategie

- ➔ Nicht festnageln lassen!
- ➔ Verzicht auf persönliche Stellungnahme, besonders bei Angelegenheiten, von denen Sie selbst noch kein konkretes Bild haben!

Provokations-/Schockfragen

Trick: Erwecken von Emotionen beim anderen und dadurch Veranlassen zur Stellungnahme.
Einbau von bestimmten Schlüsselwörtern wie:

- ➔ eigentlich,
- ➔ wenigstens,
- ➔ überhaupt,
- ➔ wirklich.

Einbau von schockierenden, verletzenden Beiwörtern/Wortspielen!

Beispiel

Können Sie das als selbst ernannter Profi überhaupt richtig einschätzen?

Gegenstrategie

- ➔ Lassen Sie sich nicht provozieren!
- ➔ Bleiben Sie sachlich!
- ➔ Sprechen Sie die Provokationsfrage als solche an!

Beispiel

Ich reagiere nicht auf Provokationsfragen!
- ➔ Richtigstellung der falschen Unterstellung.

Beispiel
Damit liegen Sie leider falsch! Wollen oder können Sie mich nicht verstehen?
➔ Zurückweisung durch Unterstreichung des Gegenkommentars als lediglich persönliche Ansicht des anderen.

Beispiel
Das ist Ihre ganz persönliche Ansicht!
➔ Falsche Unterstellung richtig stellen oder zurückweisen und danach eine Unterstellungsfrage anschließen.

Beispiel
Frage: Hast du das noch immer nicht kapiert?
Antwort: Mir ist alles ganz klar! Worin liegt dein Problem?

Sokratische Fragen/Ja-Sagen-Straßen

Trick: Durch das Sich-Bestätigen-Lassen (verbal oder nonverbal) von mehreren aufeinander folgenden Fragen erwirkt man leichter Zustimmung bei der letztgestellten Frage, die aber die eigentliche Kernfrage ist.

Gegenstrategie

➔ Lassen Sie sich durch die Ja-Sagen-Straße nicht in eine Ja-Einbahnstraße drängen!
➔ Bewusstes Überlegen der Zustimmung!
➔ Gehen Sie mit konkreten Stellungnahmen auf Fragen ein, anstatt sich auf Ja- oder Nein-Sagen zu beschränken!

Psychologische Verhaltensfragen

Trick: Einbau von Feedback-Gebung in die Fragestellung, wodurch das Verhalten bereits interpretiert wird und dadurch auf den anderen auch bereits Druck ausgeübt werden kann.

Beispiel
Empfindest du dein Verhalten nicht auch als unakzeptabel?

Gegenstrategie: Lassen Sie die Interpretation so nicht zu!

Beispiel
Ich verstehe nicht, was du meinst!

30 Methoden, unangenehme Fragen abzuwehren:

1 Gehen Sie auf Unterstellungen nicht ein! Bei negativen begründen Sie das Gegenteil, eben das Positive.

2 Ist eine Fragekonstruktion zusammengesetzt mit einem vorangestellten Szenario, achten Sie auf die emotionale Aussage des Szenarios, bevor Sie auf die Frage eingehen!

3 Sprechen Sie bestimmte Fragetypen als solche an, um zu zeigen, dass Sie den Trick durchschaut haben, und gehen Sie dann auf diese Frage einfach nicht ein!

4 Lassen Sie sich durch Suggestivfragen/Motivationsfragen nicht einfangen!

5 Achten Sie bei Fangfragen auf den Sachverhalt, der tatsächlich hinterfragt wird. Überlegen Sie sich auch hier genau, ob und wie Sie eine Frage beantworten wollen!

6 Gehen Sie einem Frageinhalt aus dem Weg, indem Sie mit einer Gegenfrage antworten! Lassen Sie die Frage unbeantwortet und geben Sie sie zurück, indem Sie den anderen unmittelbar ansprechen! Dadurch wird er leichter auf die Beantwortungsschiene gebracht.
Frage: Du hast aber Unordnung auf deinem Schreibtisch! Bist du immer so unordentlich?
Antwort: Wie sieht es auf deinem Schreibtisch aus?

7 Vice versa: Weichen Sie dieser Taktik aus, indem Sie mit Standardfragen reagieren!
Frage: Wieso kommst du mit deinem Geld nie aus?
Antwort: Wie lange reicht denn deines? Kommst du bis zur Monatsmitte oder etwa gar weiter?
Gegenantwort: Worauf willst du hinaus?/Wie bitte?/Warum fragst du?
Fragen Sie durch Ihre Gegenfragen nach, was noch fehle, was getan werden müsse, damit Ihr Gegenüber zustimmen könne! Hiefür eignen sich folgende Redewendungen:
- Was brauchen Sie?
- Welche Informationen benötigen Sie noch, damit Sie das akzeptieren/damit Sie dem zustimmen können?
- Was fehlt/Was müsste sein, damit ... (der Vorwurf nicht mehr stimmt?) und formulieren Sie das Gegenteil des Vorwurfs!
- Wie sollte Ihrer Meinung nach ... aussehen, damit ...?
- Was müsste anders sein, damit ...?
- Was müsste ich tun, damit du ...?

Lassen Sie sich durch Ihre Gegenfrage Lösungen durch den anderen geben! Fragen Sie nach Lösungsvorschlägen, um das Gegenteil des Vorwurfs zu begründen bzw. um leichter konkret auf den dem Gesprächspartner anscheinend wichtigen Punkt eingehen zu können.

Frage: Können Sie nicht endlich zum Wesentlichen kommen?

Antwort: Was verstehen Sie unter dem Wesentlichen?/ Was erachten Sie als wesentlich?

Frage: Das ist zu teuer!

Antwort: Wenn etwas viel kostet, was müsste es Ihrer Ansicht nach dann erfüllen?

Frage: Ihr Angebot lässt zu wünschen übrig!

Antwort: Wie sollte Ihrer Ansicht nach das Angebot aussehen, damit Sie zustimmen können?

Weitere Antworttipps:

- Können Sie mir einen Tipp diesbezüglich geben?
- Wie würden Sie dieses Problem lösen?
- Wie sehen Sie diese Sache?
- Wie schaffen Sie es, ...?

8 Geben Sie das Problem durch Floskeln zurück, wie:

- Meinen Sie wirklich, was Sie sagen?
- Können Sie mich nicht verstehen oder wollen Sie nicht?
- Wie bitte?

9 Lassen Sie sich nicht durch Alternativfragen auf zwei bestimmte Schienen und somit auf einen Sachverhalt mit nur zwei Variablen festnageln!

10 Vice versa: Formulieren Sie Ihre Rückfrage als Alternativfrage! Teilen Sie den Vorwurf in zwei Alternativen auf, treffen Sie dadurch eine durch Sie formulierte Vorauswahl, durch die Ihr Gesprächspartner dazu verleitet wird, dann nur zwischen diesen beiden Varianten zu wählen! Besonders bei emotional aufgeschaukelten Diskussionen kann diese Taktik erfolgreich sein, weil Sie dadurch leichter auf die sachliche Schiene zurückführen können!

Frage: Sie haben den Patienten nicht richtig aufgeklärt!

Antwort: Meinen Sie über die Behandlungsart oder über die Folgen?

Frage: Ihre Frage gefällt mir nicht!

Antwort: Meinen Sie die Form oder den Inhalt?

11 Unterstreichen Sie den Kommentar/die Frage lediglich als die Sichtweise des anderen! Folgende Antwortfloskeln eignen sich:
- Das sehen lediglich Sie so!
- Haben Sie ein Problem damit?
- Warum missdeuten Sie meine Meinung?

12 Beantworten Sie immer nur eine Frage, lassen Sie sich nicht in einen an Sie gerichteten Fragenkomplex verstricken, der Sie allein zum Redner, zum Ausgefragten werden lässt! Lassen Sie Mehrfachfragen einzeln wiederholen, eben eine nach der anderen vor der unmittelbaren Beantwortung durch Sie.

13 Vertreten Sie bewusst Ihre Meinung!

14 Lassen Sie die Hauptbegriffe der Fragestellung definieren, interpretieren, genau durch den anderen erklären! Dadurch erkennen Sie leichter die konkrete Sichtweise des anderen, und Sie haben Zeit Ihre Sichtweise zu überlegen, zu formulieren, Übereinstimmung festzustellen sowie Grenzen oder Unstimmigkeiten abzustecken! Folgende Floskeln können behilflich sein:
- Was genau wollen Sie wissen?
- Was würden Sie zu ... sagen?
- Was verstehen Sie unter ...?
- Können Sie den Begriff ... präzisieren?

15 Vice versa: Geben Sie Definitions-, Interpretations-, Verständnisfragen zurück, um vorher die Sichtweise des anderen zu eruieren!

16 Lassen Sie die Interpretation in der vom Gesprächspartner getätigten Sichtweise so nicht zu!

17 Verzichten Sie auf persönliche Stellungnahmen, wenn Sie selbst noch kein klares Bild haben, bzw. wenn Sie sich nicht auf eine bestimmte Sichtweise festnageln lassen wollen!

18 Lassen Sie sich nicht provozieren, bleiben Sie sachlich!

19 Vice versa: Sie können bewusst, besonders auf der emotionalen Schiene verletzen, wenn Sie von Sachverhalten/konkreten Inhalten ablenken wollen!

20 Lassen Sie sich nicht in eine Ja-Sagen-Straße drängen!

21 Lassen Sie unerwünschte Fragen unbeantwortet und beginnen Sie von vollkommen anderen Sachverhalten zu sprechen! Lenken Sie dadurch den anderen von seiner gedanklichen Schiene weg und hin zu Inhalten, die für Sie weniger mühsam, die für Sie mit weniger Problemen behaftet sind!

Sie können diese Technik auch modifizieren: Signalisieren Sie Ihre Antwortbereitschaft wohl, aber geben Sie keine konkrete Antwort, sondern greifen Sie das zentrale Stichwort aus der Frage heraus und geben Sie dazu ein Statement ab, als wollten Sie eine Fragebeantwortung einleiten! Dann aber gehen Sie zu Inhalten über, die Ihnen wichtig sind oder die weniger verfänglich sind!
Beispiel:
Frage: Wieso sind Sie mit dem Projekt XY noch nicht fertig?
Antwort: Wie Sie wissen, sind mein Team und ich bekannt dafür, dass Projekte von uns ernst genommen werden und daher eine fundierte Vorarbeit geleistet wird, bevor die tatsächlich anstehenden Arbeiten erledigt werden und als abgeschlossen gelten.
Gründliche und verlässliche Arbeit haben mein Team und ich auch bei dem Projekt Z bewiesen! Sie wissen, welche Erfolge wir dadurch für unsere Firma einfahren konnten.
Unsere Firma bekommt durch das Projekt Z jährlich Aufträge, gerade weil wir eben verlässliche Arbeit geleistet haben! Im kommenden Jahr ist zudem wieder mit einer Aufstockung der Auftragslage bezüglich des Projektes Z zu rechnen.
Damit das Projekt XY auch so ein Erfolg wird, werden wir unsere Ressourcen ausschöpfen!

22 Achten Sie möglichst darauf, dass Sie keine Pausen machen, sondern stellen Sie Ihre Inhalte klar und fundiert dar! Durch die klare und logische Ausführung wird die unmittelbare Bereitschaft geweckt, auf diese Sachverhalte einzugehen. Das Vermeiden von Pausen verhindert, dass Ihr Gegenüber Zeit findet, zu der ursprünglichen Frage zurückzukommen! Achten Sie darauf, dass Sie durch Ihre Mimik, Ihren Tonfall die Antwortbereitschaft vermitteln, sodass Ihr Gegenüber Ihren Ausführungen zuhört, weil er sich die entscheidenden Informationen erhofft!

23 Bauen Sie in Ihre Ausführungen Worte, Begriffe immer wieder ein, die Ihr Gegenüber vorzugsweise selbst verwendet, bzw. die sich in der Fragestellung oder in dem vermutlich vorangegangenen Szenario befunden haben! Gerade durch den verbalen Einbezug des anderen fühlt sich dieser ernst genommen und Sie haben Zeit, Ihre Inhalte darzulegen!
Ihr Gesprächspartner wird jetzt vor allem wissen wollen, wann mit einem Abschluss zu rechnen sein werde, nicht aber mehr die Gründe, warum Sie noch nicht fertig sind. Da können Sie dann wieder auf Ihre Gewissenhaftigkeit pochen und einen Zeitrahmen festsetzen, der für

Sie akzeptabel erscheint, immer mit dem Verweis auf den Erfolg des Projekts. Sie sehen also, wie leicht man einem Gespräch eine andere Wendung geben kann!

24 Achten Sie darauf, ob und wie Sie eine Frage beantworten und welche Konsequenzen sich daraus für Sie ergeben!

25 Denken Sie, bevor Sie antworten!

26 Stehen Sie zu Ihren Antworten/Inhalten, auch wenn Sie abblocken!

27 In der Ruhe liegt die Kraft. Lassen Sie sich nicht provozieren!

28 Stehen Sie zu Ihrer Meinung, zeigen Sie aber auch Kompromissbereitschaft in dem Rahmen, der für Sie akzeptabel ist!

29 Sprechen Sie Ihr Gegenüber mit dem Namen an und schieben Sie Ihre Frage an oder fügen Sie an Ihre Antwort den Namen Ihres Gegenübers! Dadurch machen Sie deutlich, dass diese spezielle Frage bzw. Antwort auf eben diese Person zugeschnitten ist!

30 Vice versa: Fragen Sie nach, ob der andere überhaupt wisse, mit wem er kommuniziere!
Beispiel: Wissen Sie überhaupt, wer ich bin?
Wissen Sie überhaupt, mit wem Sie sprechen?

6 SO BEGEGNEN SIE GEMEINHEITEN

Manchmal ist man einfach sprachlos ob der Gemeinheiten, die einem andere an den Kopf werfen! Man ärgert sich grün und blau, dass man die Unverschämtheiten, Anschuldigungen, Frechheiten nicht schlagfertig erwidern konnte. Damit Ihnen das in Zukunft nicht mehr passiert, trainieren Sie Antwortmöglichkeiten auf unvorbereitete Attacken.
Im Folgenden präsentieren wir Ihnen ein paar Tricks, wie Sie am besten das Gesicht wahren, wenn Sie sich in die Enge getrieben fühlen. Besonders wenn Sie coram publico verhandeln und der Kontrahent Sie bloßzustellen versucht, sind solche Kniffe höchst hilfreich.

Entkräftigungstechniken

Kategorische Ablehnung

Vermeiden Sie jegliche Rechtfertigung! Rechtfertigung zeugt nämlich von Erklärungsbedarf, und diesen haben Sie nicht, wenn Sie von etwas überzeugt sind bzw. zu etwas stehen.
Kontern Sie immer mit einem klaren

- ➔ Nein, falsch!
- ➔ Das stimmt nicht!
- ➔ Das ist nicht richtig!
- ➔ Sie irren sich!

Stellen Sie die Ablehnung unmissverständlich dar, lassen Sie – anders als im Falle der *magic words* – keine Hintertüre offen.

Beispiele
Attacke: Du lügst mich immer an!
Antwort: Nein, falsch, ich lüge nicht!

Attacke: Sie sind schuld, Sie haben den Streit heraufbeschworen!
Antwort: Das sehen lediglich Sie so!

Sie können den Vorwurf auch wiederholen, wobei Sie Ihre Anwort mit folgenden Wendungen einleiten:

- Sie meinen, dass ...
- Sie finden, dass ...
- Es ist also Ihre Ansicht, dass ...

Beispiel
Attacke: Ihre Arbeit ist aber schlampig ausgeführt! Sie sollten das noch einmal machen!
Antwort: Sie finden, dass meine Arbeit schlampig ausgeführt worden ist? Das sehen lediglich Sie so! Das ist Ihr Problem!
Abschließende Sätze wie:

- Das ist Ihr Problem!
- Das ist mir egal!
- Da kann man nichts machen!
- Pech für Sie!

verstärken Ihre Antwort noch.

Eine weitere Verstärkung erreichen Sie dadurch, dass sie nach der Entlarvung der Behauptung Ihres Gesprächspartners als bloß dessen „Meinung“ noch eine Bemerkung anschließen, die Ihre Person in ein gutes Licht rückt bzw. das negative Licht auf den anderen noch verschärft.
Der Trick, der hinter dieser Taktik steht, ist, dass Sie dem Vorwurf die Schärfe, ja die Treffsicherheit überhaupt nehmen, indem Sie ihn lediglich als die Meinung, als das alleinige Urteil des anderen klassifizieren und sich danach selbst in ein gutes Licht bzw. den anderen in ein schlechtes Licht rücken. Überlegen Sie dabei genau: Was verschafft mir einen Nutzen bzw. dem anderen einen Nachteil? Je absurder Ihre Nutzen- oder Nachteilfindung ist, desto lächerlicher wirkt sie, wodurch Sie die Lacher auf Ihrer Seite haben können!

Reaktionen, die für Ihre Person nutzbringend wirken

Beginnen Sie mit einleitenden Redewendungen wie:

- Da bin ich wenigstens ...
- Da ist wenigstens ...

- Da habe ich den Vorteil ...
- Da habe/bin ich zumindest ...
- Besser als ...

Beispiele
Attacke: Du bist so blöd!
Antwort: Da habe ich wenigstens meine Ruhe!

Attacke: Du trinkst viel zu viel Alkohol!
Antwort: Konservierte leben länger!

Attacke: Sie sind ein Blender!
Antwort: Besser auf jemanden eine Ausstrahlung zu haben, als gar nicht zu wirken!

Atacke: Du bist aber eingebildet!
Antwort: Besser eingebildet als gar keine Bildung!

Attacke: Mit Ihnen will doch niemand zusammenarbeiten!
Antwort: Sie wollen damit sagen, dass ich einer der wenigen bin, der noch eigenständig arbeiten kann? Da haben Sie Recht! (In diesem Fall wird noch eine positive Bekräftigung der Unterstellung nachgeschoben.)

Attacke: Du kannst wohl keine Aufgabe alleine lösen?
Antwort: Du willst damit ausdrücken, dass ich ein perfekter Teamarbeiter bin? Stimmt!

Reaktionen, die für den anderen nachteilig wirken

Beispiele
Attacke: Können Sie das nicht besser erklären?
Antwort: Sie wollen damit sagen, dass ich das nicht hinreichend erklärt habe? Nun, Sie sind bekannt für Ihre lange Leitung!

Attacke: Sie haben ja keine Ahnung!
Antwort: Besser keine Ahnung zu haben, als gar nichts zu haben!

Attacke: Mit Ihnen will doch niemand zusammenarbeiten!
Antwort: Sie wollen damit sagen, dass Sie mit mir nicht arbeiten können? Das ist Ihr Problem!

Attacke: Du kannst wohl keine Aufgabe alleine lösen?
Antwort: Du willst damit sagen, dass ich diesmal wieder umsonst auf deine Unterstützung warte? Schade! (Arbeiten Sie auf der emotionalen Schiene! Stellen Sie den anderen als gemein, egoistisch dar!)

Kategorische Zustimmung

Sie können den Angreifer auch überrumpeln, indem Sie seine Attacke vorbehaltlos unterstützen! Sie beweisen damit, dass Sie Mut und Größe haben, zu dem zu stehen, was Sie tun, woran Sie glauben, was Sie sind. Gerade durch diese Zustimmung geht der Angriff des Gesprächspartners ins Leere. Schieben Sie dann allenfalls noch ein sachliches Argument nach!

Beispiele
Attacke: Du bist auch eine dieser zickigen Frauen!
Antwort: Na klar, ich kann es mir leisten!

Attacke: Du hast ja einen Sprung in der Schüssel!
Antwort: Sprung ist gelinde ausgedrückt, wenn ich mir die Zeit nehme und dir so zuhöre!

Attacke: Du bist ein echter Macho!
Antwort: Stimmt, deshalb fliegen alle Frauen auf mich, du ja auch!

Attacke (mit nachgeschobenem sachlichem Argument): Die Kunden beschweren sich über Sie!
Antwort: Stimmt, stimmt ganz genau!
Bei dieser Antwort wird sich beim anderen Verwunderung einstellen, und er wird nachsetzen:

Attacke: Stimmt?! Sie sehen also ein, dass Sie sich den Kunden gegenüber nicht richtig verhalten?
Antwort: Die Kunden erwarten von mir sachliche Kompetenz, Aufklärung über das Produkt, ausreichende Information! Das erfordert Zeit! Ich muss mir daher für jeden Einzelnen Zeit nehmen! Das bedeutet, dass jeder so lange warten muss, bis ich den Kunden vor ihm zufrieden gestellt habe. Das ist doch logisch, nicht wahr?

Durch den Verweis auf die Logik können Sie Ihr Argument noch verstärken, denn alles, was logisch ist, macht Sinn! Suggestivfloskeln verstärken die Wirkung der Logik und signalisieren Ihre Bereitschaft, vom anderen akzeptiert zu werden:

- Stimmt!
- Stimmt ganz genau!
- Richtig!
- Gut beobachtet!
- Daran werden Sie sich gewöhnen müssen!
- Ja und?

In der letztgenannten Variante, der Kombination einer Zustimmung mit einem fragenden „und?“, geben Sie den Ball unmittelbar zurück: Nun muss der Angreifer seinerseits eine Erklärung abgeben, die Sie wiederum mit einem „Ja und“ quittieren können, etc. Dieses Spiel können Sie so oft wiederholen, bis der andere aufgibt.

Zustimmung und überspitzt lächerliche Antwort

Sie können Ihre Zustimmung auch noch durch einen Zusatz ergänzen, der den Vorwurf ins Lächerliche zieht. Suggerieren Sie sich im Stillen: Ja, stimmt, und das stimmt nicht nur, sondern ist sogar noch stärker, größer, etc.! Je überspitzter, je absurder die Übertreibung ausfällt, desto lächerlicher wird der Vorwurf wirken.
Wichtig bei dieser Tatik ist, dass die Übertreibung originell ist, dass die Vorstellung, die der Zuhörer geistig selbst ergänzen muss, nicht banal ist, sondern ihn in gewissem Maße geistig herausfordert!

Zustimmung mit Übertreibung

Attacke: Sie sind ein Vollkoffer!
Antwort: Stimmt! Vollkoffer sind – wie der Name schon sagt – nicht leer, sondern gefüllt, gefüllt mit Inhalten! Ich strotze vor Energie! Wie steht es eigentlich mit Ihnen? (Verschmitztes Lächeln!)

Attacke: Du trägt aber kurze Röcke!
Antwort: Stimmt, in Zeiten wie diesen muss man überall einsparen, ich trage nur noch lange Blusen! Oder: Stimmt, ich trage im Sommer immer nur Gürtel!

Attacke: Du lügst wie gedruckt!
Antwort: Stimmt, frisch gedruckt hält länger!

Zustimmung mit Übertreibung der Folgen

Attacke: Du bist aber eitel! Du schaust schon wieder in den Spiegel?
Antwort: Stimmt, du solltest erst meine Wohnung sehen, dort sieht es aus wie in einem Spiegelkabinett!

Attacke: Du bist aber kurz geraten!
Antwort: Stimmt, und dafür kann ich auch die Klamotten meiner Kinder tragen! Ich bin dadurch immer im trendigsten Stil gekleidet! Das ist echt cool!

Attacke: Du trägst aber viel Schmuck!
Antwort: Stimmt, das ist meine Form von Anlage, ich muss ja für die Pension vorsorgen!

Attacke: Du hast dich heute aber herausgeputzt!
Antwort: Na klar, ich angle mir heute ja auch einen Millionär!

Attacke: Heute hast du aber wieder dein Make-up dick aufgetragen!
Antwort: Stimmt, man soll sich ja vor der Sonne schützen!

Zustimmung und Entwurf eines absurden, aber denkmöglichen Szenarios

Sie entwerfen eine Situation, die absurd ist, aber auch einen Funken Wahrheit enthält. Der Vorwurf des anderen wird dadurch für Sie entweder ins Positive, Vorteilhafte gewendet, oder er erscheint so absurd, dass er lächerlich wirkt.

Beispiele
Attacke: Na, Sie haben sich ja heute wieder herausgeputzt!
Antwort: Ja, stimmt, ich übe schon für Weihnachten, für das Christbaumschmücken! Und wie Sie sehen, bin ich äußerst kreativ! (Wenn Sie den Mut haben, sich über sich selbst lächerlich zu machen, dann verfehlt die an sich beleidigende Bemerkung des anderen gänzlich ihre Wirkung!)

Attacke: Fährst du immer so schlecht Auto? Nimmst du immer beim Einparken Laternenpfähle und Stoßstangen mit?
Antwort: Na klar, ich werde gesponsert von einer Spenglerei! Ich mache Werbung dafür, wie rasch sie Reparaturen durchführt, und bekomme dafür alle paar Jahre ein neues Auto! Ist doch super, nicht wahr?

Attacke: Meine Güte, brauchst du immer lange im Bad!
Antwort: Na klar, nachdem ich von „dove" eine Produktserie für ein ganzes Jahr gewonnen habe, muss ich natürlich alles gleich ausprobieren!

Attacke: Deine Haare sehen aus, als wäre ein Tornado darübergeweht!
Antwort: Ja, das kommt eben von der Klimaveränderung!

Zustimmung und Vergleich mit noch schlimmerem persönlichem Verhalten

Sie geben vor, dass Sie sich normalerweise noch weit schlimmer verhalten, als Ihnen vorgeworfen wird, und Sie deshalb die Kritik gar nicht nachvollziehen können. Nach der Devise: Was du immer hast, normalerweise/sonst tue ich das und das ..., nämlich etwas, was in seiner Auswirkung für Sie selbst oder für andere noch viel stärker negativ behaftet ist!

Beispiele
Attacke: Du gibst aber viel Geld für deine Klamotten aus!
Antwort: Ach, ich weiß gar nicht, was du hast, normalerweise investiere ich drei Viertel meines Monatsgehaltes in mein Outfit!

Attacke: Du schaust heute wirklich sehr schlecht aus!
Antwort: Was meinst du? Heute wirke ich doch frisch und lebendig, normalerweise schaue ich aus wie scheintot!

Attacke: Du hast Tischmanieren wie ein Prolet!
Antwort: Was du immer hast! Wenn wir nicht in einem so noblen Restaurant wären, würde ich nicht einmal Messer und Gabel verwenden.

Attacke: Deine Füße stinken aber!
Antwort: Sei froh, normalerweise stinken nicht nur meine Füße!

Sie können Ihre Antwort auch mit einer Frage beschließen, damit Ihr Gegenüber zu einer weiteren Stellungnahme ausholt und dadurch abgelenkt wird.

Attacke: Deine Kleidung sieht aber billig aus!
Antwort: Billig, das ist untertrieben, meine Kleider sind spottbillig. Ich bin in meinem Zweitberuf Überlebenskünstler, und als solcher kaufe ich bei Humana ein. Und was machst du in deinem Nebenberuf?

Der gut getarnte Gegenangriff

Gehen Sie zum Gegenangriff über! Damit Sie auch schlagfertig wirken, müssen Sie zwei Dinge berücksichtigen:

- Greifen Sie den Vorwurf, der Ihnen gemacht wird, sofort auf und knüpfen Sie Ihre Antwort daran.
  Attacke: Du bist ein absoluter Versager! Alles, was du anpackst, geht schief!
  Antwort: Ich packe wenigstens etwas an, und was machst du?
- Drücken Sie die Botschaft, die Sie vermitteln wollen, indirekt aus. Der Zuhörer soll selbst seine Schlüsse ziehen können. Dadurch wirken Sie überlegen, während der andere damit beschäftigt ist, Ihre Botschaft zu entschlüsseln. Sie stellen damit auch Ihre geistige Flexibilität unter Beweis.
  Attacke: Ihre Antwort gefällt mir nicht!
  Antwort: Eine Antwort kann nur so gut sein, wie die Frage war!

Reaktionsmöglichkeiten bei persönlichen Attacken

Kompromittieren

- Kontern Sie bei persönlichen Angriffen überlegen mit einer Bemerkung, die den anderen ebenfalls kompromittiert.

Beispiele
Attacke: Du bist ja geradezu ihr Hampelmann!
Antwort: Du ärgerst dich doch nur, dass du nicht für sie springen darfst!

Attacke: Ich rede erst wieder mit dir, wenn du bei Sinnen bist!
Antwort: Wenn ich mich wieder im Besitz meiner geistigen Kräfte befinde, suche ich mir Kommunikationspartner mit Niveau!

Attacke: Sie sind ein Volltrottel!
Antwort: Um das beurteilen zu können, müssten Sie mindestens einen IQ haben, der über der Körpertemperatur liegt!

Kontern Sie, indem Sie die negative Botschaft des anderen auf den Punkt bringen, zeigen Sie, dass Sie vor dem Angriff keine Angst haben, sondern sich ihm stellen! Der andere hingegen rückt sich aufgrund der Schärfe des Angriffs selbst ins negative Licht und wird sich bemüßigt fühlen, die Aussage zu revidieren bzw. sogar Ihre Verteidigung zu übernehmen! Auch in diesem Fall soll Ihr Gegenangriff nicht direkt, sondern indirekt geführt werden.

Beispiele
Attacke: Dein Outfit ist ziemlich eigenwillig!
Antwort: Du willst damit sagen, dass ich unmöglich angezogen bin, einen entsetzlichen Geschmack habe und überhaupt schrecklich aussehe?

Attacke: Du hättest mich ohne weiteres um Hilfe bitten können, wenn du das alleine nicht schaffst!
Antwort: Du willst also behaupten, dass ich zu blöd bin, eine Sache alleine zu bewältigen?

Attacke: Ich habe Ihnen das schon einmal gesagt!
Antwort: Sie meinen also, dass ich niemals zuhöre und zu dumm bin, um Ihre Anweisungen zu kapieren?

Sich zu den eigenen Fehlern und Schwächen bekennen

Sie sehen, bei dieser Technik wird vorzugsweise mit Übertreibungen und Verallgemeinerungen gearbeitet, weil Verallgemeinerungen keine Ausnahmen zulassen und Übertreibungen immer einen Sachverhalt überspitzt darstellen! Satzanfänge wie: Du willst/Sie wollen damit sagen/ausdrücken, dass ... eignen sich besonders gut, um eine negative Überspitzung einzuleiten!
Bei persönlichen Angriffen können Sie zusätzlich punkten, wenn Sie sich bewusst klein machen! Gerade dadurch zeigen Sie Größe. Und indem Sie die Größe beweisen, zu Ihren Fehlern und Schwächen zu stehen, erscheint der andere als Angeber, der es offenbar nötig hat, sich selbst größer zu machen, als er ist.

Beispiele
Attacke: Ich trage nur Designerklamotten!
Antwort: In meinem Secondhand-Laden finde ich auch manchmal ein Schnäppchen!

Attacke: Ich wohne prinzipiell nur in den besten Wohnungen!
Antwort: Ich finde manchmal auch ein tolles Plätzchen, ich bin ein Bettgeher!

Attacke: Wie finden Sie den neuen Porsche?
Antwort: Der interessiert mich im Moment nicht, mein alter Mazda läuft noch, zwar hat er manchmal seine Zuckungen, aber die stehen einem alten Herrn schon zu.

Reagieren Sie sachlich

Nehmen Sie einem Angriff immer auch die Schärfe, indem Sie nicht auf der emotionalen Ebene reagieren, sondern auf der rein sachlichen! Sie strahlen dadurch Ruhe und Gelassenheit aus und vermitteln Kompetenz und Überlegenheit, selbst bei emotional geführten Attacken!

Beispiele
Attacke: Kümmere dich gefälligst um deine Angelegenheiten!
Antwort: Du möchtest alleine gelassen werden und deine Arbeiten alleine machen?

Attacke: Das ist ja kompletter Unsinn, den du da immer von dir gibst!
Antwort: Du machst dir also Gedanken darüber, was ich sage?

Attacke: Sie sind ein kompletter Versager!
Antwort: Sie meinen, dass Sie sich Sorgen um meinen beruflichen und privaten Werdegang machen?

Attacke: Sie sind ein Idiot!
Antwort: Sie sind erregt!?

Als Standardantworten eignen sich Wendungen wie:

- ➔ Sie sind erregt!
- ➔ Sie sind im Moment in einem emotionalen Ausnahmezustand!

- Sie sind besorgt!
- Ihnen gefällt meine Arbeit nicht?

Zweifeln Sie die Kompetenz des anderen an

Sie können einer persönlich geführten Attacke den Wind aus den Segeln nehmen, indem Sie den Angreifer als einen Menschen darstellen, dem die nötige Kompetenz fehlt, der also gar nicht berechtigt ist, einen Angriff gegen Sie zu starten!

Beispiele
Attacke: In der Theorie hört sich das ja recht gut an, ist aber in der Praxis undurchführbar!
Antwort: Für einen Nicht-Fachmann klingt das sicherlich undurchführbar, das heißt aber nicht, dass es tatsächlich so ist.

Attacke: Das kapiere ich nicht!
Antwort: Das glaube ich Ihnen, um das verstehen zu können, braucht man auch eine gewisse Vorbildung.

Als Standardantworten eignen sich Wendungen wie:

- Als Laie kann man das nicht beurteilen!
- Um das beurteilen zu können, muss man schon die nötige Erfahrung in diesem Bereich haben!
- Um die Lage richtig einschätzen zu können, muss man schon über das nötige Wissen verfügen!

Antworten Sie mit Wortspielen und stehenden Wendungen

Sie können Angriffe parieren, indem Sie Wortspiele und Floskeln einsetzen! Solche stehenden Sätze haben wieder die Funktion, den Angriff ins Lächerliche zu ziehen, um ihn dadurch ad absurdum zu führen! Bei dieser Taktik arbeiten Sie mit Vergleichen!
Als Einleitefloskeln dienen dabei Wendungen wie:

- Besser als ...
- Lieber ... als ...

Sie können sich dabei die Alliteration zu Nutze machen, das heißt, in Ihrer Antwort ein Wort verwenden, das denselben Anfangsbuchstaben aufweist wie der Hauptbegriff aus dem Vorwurf, den der andere Ihnen macht, oder Sie setzen eben ein Wortspiel ein.

Beispiele
Attacke: Du blader Heinzl!
Antwort: Besser/Lieber blad als blöd!

Attacke: Du Vollidiot!
Antwort: Besser/Lieber voll als toll!

Attacke: Du bist ein Schlitzohr!
Antwort: Besser/Lieber ein Schlitzohr als ein Schlappschwanz!

Attacke: Du bist immer so altmodisch gekleidet!
Antwort: Besser/Lieber altmodisch gekleidet sein als modisch und alt!

Sie können diese Taktik auch insofern modifizieren, als Sie einen positiven Zusatz einflechten:

Beispiele
Attacke: Du bist aber blond!
Antwort: Lieber blond und von jedem begehrt zu sein, als braun und unbeliebt!

Attacke: Du bist aber gestört!
Antwort: Lieber gestört, glücklich und ohne gravierende Sorgen als ganz normal und gänzlich am Boden liegend!

Sie sehen, Sie können diese Variante auch dadurch verstärken, indem Sie nicht nur an das „Besser/Lieber" ... und Vorwurfswort ... als ... einen positiven Zusatz anhängen, sondern indem Sie an das „... als ..." einen negativen Zusatz knüpfen!

Attacke: Du bist ganz schön blass! Hast du deinen Urlaub in den Katakomben verbracht?
Antwort: Lieber blass und natürlich als braun und mit ewig runzeliger Haut herumzulaufen!

Attacke: Du bist heute wieder gut drauf, wohl wieder gesoffen?
Antwort: Lieber ein wenig gesoffen und gut gelaunt als ganz nüchtern und ein ewiger Nörgler!

Seien Sie bewusst naiv

Bauen Sie Missverständnisse ein, das heißt, tun Sie so, als ob Sie ein Wort in seiner tatsächlichen Bedeutung nicht verstanden hätten!

Beispiele
Attacke: Wohl hin in der Marille?
Antwort: Besser/Lieber eine Marille als gar kein Obst zu Hause!

Attacke: Du trägst wohl auch den Kopf in der Schlinge?
Antwort: Besser/Lieber in der Schlinge als gar keinen Kopf zu haben!

Attacke: Du hast wohl nicht alle Tassen im Schrank!
Antwort: Lieber nur einige Tassen im Schrank als gar keine!

Attacke: Du hast wohl einen Sprung in der Schüssel?
Antwort: Lieber einen mit Sprung als gar keine! Womit kochst du eigentlich?

Sie können diese Schemata aber auch so abwandeln, dass sich im Vergleich keine akustische Ähnlichkeit feststellen lässt! Sie arbeiten dabei lediglich mit einem Wortspiel ohne phonetische Zusatzwirkung!

Beispiele
Attacke: Du siehst aus wie von Rubens gemalt!
Antwort: Besser/Lieber von Rubens gemalt als vom Schicksal gezeichnet!

Attacke: Du bist wie ein Strich in der Landschaft!
Antwort: Lieber ein Strich als ein Nichts!

Attacke: Du hast ja nicht alle Tassen im Schrank!
Antwort: Besser keine Tassen im Schrank als gar kein Holz vor der Hütte! (damit ist der Busen gemeint!)

Die Taktik des gut getarnten Gegenangriffs zeigt, wie wichtig oft ein Einleitewort, eine Einleitephrase ist, um die Antwort elegant und leicht formulieren zu können! Bei der folgenden Taktik spielt das Einleitewort ebenfalls eine bedeutende Rolle.

Ablenkung

Lenken Sie von dem Vorwurf ab und und hin zu den Ihnen wichtig erscheinenden Aspekten. Dafür eignen sich Einleitungsphrasen wie:

- ➔ Es geht nicht darum, sondern ...
- ➔ Es stellt sich nicht die Frage, sondern ...

Formulieren Sie die für Sie wichtigen Aspekte gründlich aus, sodass der andere sich damit ausführlich beschäftigen muss, ja vielleicht sogar gedanklich darin verhaftet bleibt.

Beispiel
Patient zum Arzt: Sie haben die falsche Diagnose gestellt!
Antwort des Arztes: Es stellt sich nicht die Frage, dass ich die falsche Diagnose gestellt hätte, sondern dass Sie sich konsequent an die richtige Einnahme der von mir verordneten Medikamente zu halten haben. Das Medikament XY ist gegen ... und das Medikament Z gegen ... Wichtig ist, dass sie gemeinsam nicht eingenommen werden dürfen, da sich sonst die Wirkung aufhebt, weil .... Sie sollten vor der Einnahme des Medikamentes Z unbedingt etwas gegessen haben, da .... Gehen Sie jetzt beruhigt nach Hause und achten Sie auf die richtige Medikamentation und Sie werden merken, dass sich Ihr Gesundheitszustand bessert! Kommen Sie zur Kontrolle in drei Tagen wieder vorbei. Falls Sie keine spürbare Besserung merken, kommen Sie früher bei mir vorbei und berichten mir über Ihren Zustand!

Schüler zum Lehrer: Ich schaffe die Deutsch-Schularbeit wieder nicht! Ich mache immer noch so viele Fehler!
Antwort des Lehrers: Es geht gar nicht darum, dass du jetzt unbedingt eine positive Note auf diese Schularbeit schreibst, sondern dass du bis zum Jahresende fähig bist, eine positive schriftliche Leistung zu erbringen. Du musst noch viele Wissenslücken schließen und viel üben. Eine Sprache kann man nicht von heute auf morgen erlernen, das Erlernen einer Sprache braucht Zeit und großen Einsatz: Wenn du dich weiterhin so bemühst wie bisher, dann wirst du bis zum Jahresende auch eine positive Schularbeit zustande bringen, und das ist das Wichtigste, denn die Jahresnote entscheidet letztlich, ob du das Schuljahr positiv abschließt!

Hinweis auf ein höheres Ziel

Stellen Sie sich die Frage, welches übergeordnete Ziel Sie verfolgen, und bringen Sie dieses Ziel ins Gespräch. Dadurch werden einzelne Details eines Vorwurfes relativiert und verlieren an Kraft.

Sie können dabei den Vorwurf durchaus gelten lassen. Setzen Sie folgende Phrasen ein:

- Ich kann Sie verstehen ....
- Diese Sichtweise ist interessant ..., und noch wichtiger ist, dass ...

Sie können aber den Vorwurf auch zurückweisen durch Phrasen wie:

- Nicht dieses Detail ist wichtig, ausschlaggebend ist vielmehr ...
- Wichtiger als diese Sichtweise ist letztlich das Ziel ...

Oder Sie können auf den Vorwurf überhaupt nicht eingehen und formulieren gleich das übergeordnete Ziel:

Attacke: Sie hätten doch meine Rede nicht verändern sollen, die hat sich bisher immer bewährt!
Antwort: Diese modifizierte Rede ist genau auf unseren neuen Kundenstock zugeschnitten, und Sie wollen diesen doch von unserem Produkt überzeugen! Das ist doch Ihr eigentliches Ziel, nicht wahr?

Blick in die Zukunft

Gehen Sie gar nicht erst auf den Vorwurf ein, sondern sprechen Sie gleich die Lösung in der Zukunft an! Bei dieser Taktik verweisen Sie auf kommende Verhältnisse, in denen sich die Wahrheit eines Sachverhalts zeigen oder die Lösung eines Problems einstellen wird. Ob Ihre Prognose tatsächlich eintreten wird oder nicht, kann Ihr Kontrahent in diesem Moment weder bestätigen noch verneinen. Damit wird ihm aber die Berechtigung entzogen, weiter auf seinem Einwand zu beharren.

Beispiele
Attacke: Wieso ist der Bericht noch nicht fertig?
Antwort: Morgen haben Sie Ihn auf dem Schreibtisch!

Attacke: Wieso weichst du meinen Fragen aus?
Antwort: Nächste Woche setzen wir uns zusammen und besprechen alles!

Attacke: Wieso hast du mich nicht angerufen?
Antwort: Möchtest du morgen mit mir ausgehen?

Analyse des Vorwurfs

Bei dieser Taktik gehen Sie auf den Vorwurf selbst nicht ein, sondern analysieren stattdessen die Art des Angriffs. Isolieren Sie dabei den Angreifer als (Allein-)Schuldigen! Wichtig ist, dass Sie genau hinhören, um die Art des Angriffs zu erkennen und auch ansprechen zu können! Bleiben Sie dabei jedoch immer sachlich.
Geeignete Standardantworten:

- ➔ Dieser Stil ist nicht der, den wir gewöhnt sind!
- ➔ Dieses Verhalten/Benehmen/diese Art, miteinander umzugehen, entspricht nicht unserem Niveau!
- ➔ Lenken Sie nicht vom Thema ab, sonst finden wir nie zu einer Lösung und es ist im Sinne aller hier, dass wir möglichst rasch zu einem Ergebnis kommen!
- ➔ Mit dieser Art/Taktik verhindern Sie, dass wir eine Lösung des Problems finden können!

Klare Bewertung und Richtigstellung von Vorwürfen

Achtung: Wiederholen Sie nicht den ganzen Vorwurf, denn Wiederholungen verfestigen die Botschaft! Ersetzen Sie den Vorwurf durch eine positive Richtigstellung, niemals aber durch eine negative Abgrenzung, wie zum Beispiel: Ich bin nicht schuld!

Beispiele
Falsch: Hat das Unternehmen ein schlechtes Image?
Nein, es hat kein schlechtes Image!
Richtig: Hat das Unternehmen ein schlechtes Image?
Nein, das Unternehmen hat ein hervorragendes Image!

Falsch: Den Beweis bist du mir schuldig geblieben!
Nein, ich bin ihn dir nicht schuldig geblieben!
Richtig: Den Beweis bist du mir schuldig geblieben.
Nein, den Beweis habe ich dir geliefert durch ...!

Beendigung der Konfrontation

Konfrontationsbeendigung auf Sachebene

Prägen Sie sich folgende 3 T ein: **Touch! Turn! Talk!**
Touch: Richten Sie Ihren Blick unbedingt auf den Adressaten und beharren Sie konsequent auf dem jeweiligen Gesprächsthema, auch hinsichtlich der Zielsetzung!
Geeignete Wendungen:

➔ Schweifen Sie bitte nicht vom Thema ab!
➔ Bleiben wir bei unserem Zentralthema!

Turn: Kehren Sie zum ursprünglichen Thema zurück! Wechseln Sie Ihren Blickkontakt zu einem anderen Gesprächspartner!
Geeignete Wendungen:

➔ Unser Thema ist ...
➔ Unsere Zentralfrage war ...

Talk: Vertiefen Sie das Ausgangsthema, damit es wieder zentraler Gesprächsgegenstand wird! Richten Sie Ihren Blick auf das Publikum!

Beispiel

➔ Wir haben bereits die Auswirkungen auf unsere Produktion besprochen! Jetzt gilt es die Gründe für unsere Lieferschwierigkeiten zu besprechen!

Ganz wichtig bei dieser Technik ist der jeweilige **Wechsel des Blickkontakts**, denn dadurch heben Sie den anderen als störenden Gesprächspartner hervor und grenzen ihn aus.

Konfrontationsbeendigung auf emotionaler Ebene

Standardfloskeln:

- ➔ Was soll das?
- ➔ Lassen Sie das!
- ➔ Das haben Sie nicht nötig!

Konfrontationsbeendigung auf Metaebene

Die Metaebene ist die übergeordnete Gesprächsebene, auf der Sie sowohl die Sach- als auch die emotionale Ebene verlassen und das Gesprächsverhalten, den Gesprächspartner selbst zum Thema machen!
Wendungen:

- ➔ Ihr Gesprächsverhalten ist destruktiv und torpediert unser gemeinsames Gesprächsziel!
- ➔ Bleiben Sie sachlich, beim Thema!
- ➔ Verlieren Sie sich nicht in Anschuldigungen und Vorwürfen!
- ➔ Beenden Sie Ihre Polemiken!

Wenn Sie Ihre Zurückweisungen in Wir-Botschaften kleiden, dann schwächen Sie die Härte ab!
Wendungen:

- ➔ Wir kommen vom Thema ab!
- ➔ Wir verlieren uns in gegenseitigen Vorwürfen und Anschuldigungen!
- ➔ Damit verfehlen wir unser Gesprächsziel!

7 GESCHICKTE VERHANDLUNGSMANÖVER

Der Trick mit den logischen Denkansätzen

Setzen Sie Deduktion oder Induktion ein!

Deduktion

Beim Verfahren der Deduktion schließen Sie von einem Ganzen, von einer Regel, von einer Allgemeinweisheit auf den Einzelfall und bilden sich auf diese Weise ein Urteil über einen Sachverhalt.

Beispiel
1. Alle Menschen haben einen Verstand.
2. Frau Mayer ist ein Mensch.
3. Frau Mayer hat einen Verstand. (Schlussfolgerung)

Die Allgemeinweisheit und der Einzelfall für sich genommen müssen wahr sein bzw. zumindest glaubwürdig klingen, damit Ihre Schlussfolgerung dem Gesprächspartner einleuchtet, auch wenn sie eine Halbwahrheit ist ... Je mehr Halbwahrheiten Sie insbesondere in die Allgemeinweisheit hineinpacken können, desto leichter können Sie Ihren Gesprächspartner von seiner geistigen Schiene weg- und in Ihre Richtung hinlenken!

Beispiel
1. Wenn es regnet, sind die Straßen nass. Wahr.
2. Die Zuckerkandlgasse ist eine Straße. Wahr.
3. Die Zuckerkandlgasse ist nass, weil es geregnet hat. Halbwahr.

Diese Konklusion ist nur halbwahr, weil die Zuckerkandlgasse auch aus anderen Gründen nass sein kann.

Induktion

Die Induktion funktioniert genau umgekehrt: Sie gehen vom Einzelfall aus, danach schließen Sie auf eine Allgemeinweisheit und leiten davon wieder Ihre Schlussfolgerung ab.

Beispiel
1. Wenn der Nachbar zu Hause ist und Schlagzeug spielt, ist Lärm im Haus!
2. Schlagzeugspielen erzeugt eben Lärm!
3. Es ist nur Lärm im Haus, wenn der Nachbar zu Hause ist und Schlagzeug spielt! (Schlussfolgerung)
Diese Konklusion ist ebenfalls nur halbwahr, denn es könnte auch aus anderen Gründen Lärm im Haus entstehen!
Logische Schlussfolgerungen wie diese lassen sich immer ziehen, auch wenn sie bei ein und demselben Fall zu einem ganz anderen Ergebnis führen. Sie können daher für diese Taktik die Logik missbrauchen.

In der Folge soll Ihnen vor Augen geführt werden, wie man von einem ganz bestimmten Sachverhalt aus deduktiv zu unterschiedlichen Ergebnissen kommen kann.

Beispiele für Deduktion

Sachverhalt: Herr Mayer hat gestohlen, und es stellt sich nun die Frage, ob Herr Mayer abgeurteilt werden soll oder nicht.
Deduktion A
1. Der Staat hat die Aufgabe, die Bürger zu schützen, Straftäter daher zu verfolgen und abzuurteilen.
2. Herr Mayer hat gestohlen und ist somit ein Straftäter.
3. Herr Mayer muss somit abgeurteilt werden.
Deduktion B
1. Der Mensch hat das Grundrecht, zu überleben. Dies kann kein Verurteilungsgrund sein.
2. Herr Mayer hat dieses Grundrecht nur dadurch aufrechterhalten können, dass er Lebensmittel gestohlen hat.
3. Herr Mayer darf daher nicht verurteilt werden.

Sachverhalt: Herr Müller ist drogenabhängig, und es stellt sich nun die Frage, ob der Arzt ein entsprechendes Mittel verschreiben darf.
Deduktion A
1. Ein Arzt hat die Pflicht, ein schmerzfreies Befinden bei seinen Patienten herzustellen und entsprechende Mittel zu verschreiben.

2. Herr Müller braucht die Droge XY, um schmerzfrei zu sein.
3. Der Arzt hat die Pflicht, Herrn Müller Schmerzfreiheit zu gewährleisten und daher die Droge XY zu verschreiben.

Deduktion B
1. Ein Arzt hat die Pflicht, die Gesundheit der Menschen zu erhalten und daher nur Mittel zur Gesunderhaltung zu verschreiben.
2. Herr Müller gefährdet seine Gesundheit durch die Einnahme der Droge XY.
3. Der Arzt darf Herrn Müller die Droge XY nicht verschreiben, weil er die Pflicht hat, die Gesundheit der Patienten zu erhalten.

Sachverhalt: Schüler verhalten sich ungezogen, und es stellt sich nun die Frage, ob ein Lehrer sie bestrafen darf.

Deduktion A
1. Nur die Eltern als Erziehungsberechtigte sind befugt, die Kinder zu bestrafen.
2. Die Lehrer sind nicht die Eltern.
3. Die Lehrer dürfen die Kinder nicht bestrafen.

Deduktion B:
1. Für ein funktionierendes Zusammenleben und -arbeiten ist es erforderlich, Regeln aufzustellen und Menschen, die diese nicht einhalten, zu bestrafen.
2. Der Lehrer muss für ein funktionierendes Klassenklima sorgen.
3. Der Lehrer darf diejenigen, die gegen die Regeln eines funktionierenden Klassenklimas verstoßen, bestrafen.

Sachverhalt: Herr XY sitzt in Untersuchungshaft und hat einen Anwalt. Er wird aber nun durch die Behauptung, dass Anwälte ohnehin nur Rechtsverdreher seien und ihm nicht helfen können, verunsichert.

Deduktion A:
1. Anwälte sind lediglich Rechtsverdreher.
2. Herr Bauer ist Ihr Anwalt.
3. Herr Bauer ist ein Rechtsverdreher und wird Ihnen nicht behilflich sein können, Ihre schwierige Situation zu bewältigen.

Deduktion B:
1. Anwälte sind Rechtsverdreher und holen aus jedem Gesetz das heraus, was möglich ist, und Sie aus dem Gefängnis.
2. Sie haben Herrn Bauer als Anwalt.
3. Ihr Anwalt holt Sie aus dem Gefängnis heraus!

Beispiele für Induktion

Sachverhalt: Frau Pospysil ist eine Klatschtante, und es stellt sich die Frage, welche Auswirkung dies für die Hausgemeinschaft hat.

Induktion A:

1. Frau Pospysil ist eine alte Klatschtante.
2. Klatschtanten zerstören die Hausgemeinschaft.
3. Frau Pospysil zerstört die Hausgemeinschaft.

Induktion B:

1. Frau Pospysil ist eine alte Klatschtante.
2. Klatschtanten bringen erst die Kommunikation in einer Hausgemeinschaft in Gang und sind daher für ein funktionierendes Zusammenleben unbedingt notwendig.
3. Frau Pospysil ist daher für die Gesprächskultur in der Hausgemeinschaft ein Gewinn!

Sachverhalt: Herr Ce ist ein Egoist, und es stellt sich nun die Frage, welche Menschen Egoisten sind.

Induktion A:

1. Herr Ce ist ein Egoist.
2. Egoisten können sich im Leben durchsetzen.
3. Herr Ce kann sich im Leben durchsetzen.

Induktion B:

1. Herr Ce ist ein Egoist.
2. Egoisten sind unleidliche Menschen.
3. Herr Ce ist ein unleidlicher Mensch.

Sachverhalt: Herr Burger ist ein schöner Mann, und es stellt sich die Frage, was man von einem schönen Mann, ohne ihn zu kennen, erwarten kann.

Induktion A:

1. Herr Burger ist ein schöner Mann.
2. Schöne Männer sind untreu oder schwul.
3. Herr Burger ist entweder untreu oder schwul.

Induktion B:

1. Herr Burger ist ein schöner Mann.
2. Schöne Menschen sind meist auch sehr kultivierte Menschen.
3. Herr Burger ist ein kultivierter Mensch.

Sachverhalt: Frau Ma ist blond, und es stellt sich die Frage, was man von blonden Frauen erwarten kann.

Induktion A:

1. Frau Ma ist blond.
2. Blonde Frauen sind dumm.
3. Frau Ma ist dumm.

Induktion B:

1. Frau Ma ist blond.
2. Blonde Frauen sind sexy und gute Liebhaberinnen.
3. Frau Ma ist eine gute Liebhaberin.

Sachverhalt: Frau Porr ist Lehrerin, und es stellt sich die Frage, wie viel Zeit sie für ihren Beruf aufwenden muss.

Induktion A:

1. Frau Porr arbeitet als Lehrerin.
2. Lehrer sind Halbtagsarbeiter.
3. Frau Porr arbeitet nur halbtags!

Induktion B:

1. Frau Porr arbeitet als Lehrerin.
2. Lehrer können sich einen Teil ihrer Arbeitszeit flexibel einteilen.
3. Frau Porr kann sich einen Teil ihrer Arbeitszeit flexibel gestalten.

Gegenstrategie: Wenn man Sie selbst mit dieser Methode konfrontiert, dann überlegen Sie sich die Gegenposition und erklären Sie diese auf deduktivem oder induktivem Weg, je nach Erfordernis!
Gehen Sie in folgenden Schritten vor:

1. Schritt: Ernst zuhören und Blickkontakt halten!
2. Schritt: Vermitteln Sie den Eindruck, dass Sie Ihr Gegenüber ernst nehmen, lassen Sie den anderen ausreden; wenn Sie besonders trickreich vorgehen wollen, geben Sie positive Stimuli, wie ein Kopfnicken, ein Lächeln ...
3. Schritt: Beginnen Sie die Aussage des anderen durch eine geeignete Redewendung in Frage zu stellen, wobei Sie sowohl Zustimmung suggerieren können als auch Ablehnung. Wie Sie Ihre Gegenposition emotional besetzen, bleibt Ihnen überlassen.

4. Schritt: Stellen Sie sodann ihre Gegenposition logisch dar! Jeder Begriff lässt zwei gegenteilige Auslegungen zu, so z. B. kann der Begriff „hoher Preis“ auch als „Qualität“ definiert werden oder „Single-Sein“ als „Einsamkeit“. Weitere Beispiele wären:

- ➔ Ein-/Unterordnung/Selbstverleugnung
- ➔ Kommunikation/Manipulation
- ➔ Schweigen/Unfähigkeit zur Kommunikation
- ➔ Unaufmerksamkeit/Lieblosigkeit
- ➔ Erfahrungen sammeln/Misserfolge einstecken
- ➔ Spaß haben/oberflächlich sein
- ➔ Durchsetzungsvermögen/diktatorisches Gehabe

Beispiele
Ein Verkaufsgespräch. Der Kunde erklärt dem Verkäufer, dass das Produkt zu teuer sei. Der Verkäufer hört sich den Einwand ruhig an und reagiert nach der beschriebenen Strategie:
Ihr Einwand ist richtig und jeder weiß, dass hoher Preis mit hoher Qualität gleichzusetzen ist! Dieses Produkt kostet Sie sicherlich einiges, dafür haben Sie auch die Gewissheit, dass Sie ein Produkt erworben haben, das Ihnen viele Jahre zu Diensten stehen wird und Ihnen das Leben einschlägig erleichtert! (Deduktive Methode.)
Wieso haben Sie diese Aspekte noch nicht in Erwägung gezogen?

5. Schritt: Die abschließende offene Frage, die auch provokanter formuliert werden kann, sollten Sie unbedingt mit einbeziehen. Dadurch wird Ihr Gesprächspartner gezwungen, das Gespräch wieder aufzunehmen, allerdings nun schon in der von Ihnen vorgezeichneten Richtung.

Koppeln Sie die Deduktion in erweiterter Form mit Ironie!

Sehr trickreich und wirksam ist es, wenn Sie die Behauptung des Gesprächspartners erweitern und bewusst ironisieren. Daran anknüpfend können Sie den ursprünglichen Sachverhalt mittels Deduktionsverfahren zielsicher widerlegen!

Beispiel
Von der österreichischen Unterrichtsministerin wurde die Behauptung aufgestellt, dass junge Leute ihre Freizeit lieber in Discos verbrächten, als an Familienplanung zu denken!
Sie stimmen zunächst scheinbar zu und erweitern dann z. B. folgendermaßen:
„... Ja, und es muss noch hinzugefügt werden, dass wir durch ein so oberflächliches, verantwortungsloses Verhalten der Jugendlichen in folgenden Generationen aussterben bzw. durch andere, Nachwuchs produzierende Rassen überrannt und von diesen dann als Minderheit behandelt werden!"
Es folgt die Deduktion: „Minderheiten werden oft als Untermenschen, als Menschen zweiter Klasse behandelt! Dies hat man ja im Konkreten während des Nationalsozialismus in Bezug auf die Juden erlebt!"
Logische Schlussfolgerung: „Unsere Jugendlichen werden daran schuld sein, wenn wir von anderen Rassen unterdrückt und diskriminiert werden! Das wollten Sie doch sagen?" (Offene Frage zum Schluss.)

Der Trick mit der völlig anderen Behauptung

Eine weitere Möglichkeit für Sie, vom Thema abzulenken, besteht darin, dass Sie eine gänzlich andere Behauptung ins Gespräch bringen und so tun, als gehörte diese neue Aussage unmittelbar dazu. Verwenden Sie dabei am einfachsten Überleitungen wie

➔ Ja, neulich behaupteten Sie ja auch, dass ...
➔ Ja, Sie sind bekannt dafür, dass ...

Beispiele
Attacke: Du hilfst mir nie im Haushalt!
Antwort: Übrigens, habe ich dir schon gesagt, dass der Chef mich zu sich gebeten hat, weil er mich für sein neues Projekt einsetzen will? Der Haken daran ist, dass ich mehr im Ausland sein müsste, dafür würde ich allerdings auch entsprechend mehr verdienen! Was sagst du dazu?
Die Partnerin wird sich nach dieser Nachricht wohl kaum mehr mit der Hilfe im Haushalt auseinander setzen, sondern mit der neuen Problematik.

Attacke: Dieses Projekt ist für die Firma äußerst wichtig! Ich habe bloß das Gefühl, dass Sie sich dessen nicht bewusst sind und viel zu lahm an die ganze Sache herangehen!
Antwort: Ach, Sie sind bekannt dafür, dass Sie immer schwarz sehen! Beim Projekt XY haben wir auch tolle Ergebnisse eingefahren, die Firma profitiert heute noch davon! Wenn Sie sich erinnern, waren Sie auch damals skeptisch und haben an meinem Engagement gezweifelt! Dass unsere Zusammenarbeit perfekt funktioniert, haben wir beim Projekt Z wieder unter Beweis gestellt! Übrigens muss beim Projekt Z noch abgeklärt werden, wer mit wem Kontakt hält, damit das Ergebnis weiterhin so gut bleibt. Welche Personen möchten Sie am liebsten mit wem in Kontakt sehen?

Diese Beispiele sollten Ihnen vor Augen führen, wie leicht es ist, jemanden weg von einem Vorwurf, von Befürchtungen, ja Ängsten und hin zu einer vollkommen neuen gedanklichen Schiene zu (ver-)leiten! Ähnliche Situationen ergeben sich täglich in Wartezimmern, Hörsälen etc., aber auch im Zuge von Verhandlungen, Gesprächen. Probieren Sie es aus! Sie werden erstaunt sein, wie leicht diese Taktik funktioniert und welch unglaubliche Wirkung sie hat.

Der Trick mit dem Sprengen von Argumentationsabfolgen

Auf A muss nicht unbedingt B gesagt werden und davon abgeleitet wiederum C folgen. Hinterfragen Sie **angeblich logische Ableitungen** ständig. Wenn Sie danach eine andere logische Ableitung zur Diskussion stellen, sprengen Sie automatisch die Argumentationskette des Gesprächspartners.
Dasselbe gilt für **angeblich zeitlich fixierte Ableitungen**. Hinterfragen Sie ständig: Muss eine bestimmte, zeitlich fixierte Abfolge tatsächlich eingehalten werden?
Gehen Sie bei dieser Hinterfragung wiederum nach dem Prinzip der 3 T vor: **Touch! Turn! Talk!**

- **Touch:** Stimmen Sie zu, lassen Sie diese logische Denkabfolge gelten oder lehnen Sie sie kategorisch ab! Schließen Sie dann Ihre nächste Aussage mit einem „und“ an!
- **Turn:** Verändern Sie den logischen Denkschluss, indem Sie einen anderen logischen Denkansatz ableiten, den Sie dann durch den dritten Schritt festigen!
- **Talk:** Vertiefen Sie das Gesagte, indem Sie es mit einem konkreten Beispiel untermauern!

Beispiele

Attacke: Du beteiligst dich überhaupt nicht im Haushalt! Für jeden Handgriff muss ich einen Handwerker rufen, der wiederum jedes Mal enorm viel Geld kostet! Wir könnten einiges Geld einsparen, wenn du mehr Zeit für handwerkliche Belange aufbringen würdest!

Anwort: (a) Du hast Recht, dass ich mich zu Hause handwerklich zu wenig engagiere. (Touch)

(b) Dafür mache ich im Büro viele Überstunden, wodurch ich wiederum mehr verdiene, wovon wir nicht nur locker die Handwerker bezahlen können, (Turn)

(c) die ihre Arbeit zudem verstehen und fachgerecht erledigen, sondern uns sonst noch so manchen zusätzlichen Luxus leisten können! Das verlängerte Wochenende im Wellnesshotel war doch ein Hit, nicht wahr? (Talk)

Attacke: Du lernst zu wenig! Ich sehe dich die ganze Zeit nur vor dem Computer sitzen und irgendwelche Spiele spielen! Du wirst wieder Schwierigkeiten in der Schule bekommen! Mach zuerst deine Hausaufgaben und wende dich dann meinetwegen dem Computer zu!

Antwort: (a) Du wirfst mir vor, dass ich sehr viel Zeit vor dem Computer verbringe? Das stimmt schon,

(b) und ich lerne dabei auch enorm viel, sowohl beim Surfen als auch beim Spielen und ich kann mir wichtige Informationen für meine Hausübungen herunterladen! In Textverarbeitung bin ich schon perfekt und meine Allgemeinbildung hat sich auch verbessert!

(c) Gestern habe ich als Einziger etwas über das Tagesgeschehen gewusst und in Geschichte dafür ein Plus bekommen. Auf die letzte Textverarbeitungsschularbeit habe ich auch einen Einser bekommen, ist doch gut, nicht wahr? Und heute hole ich mir Informationen für die Deutsch-Hausübung aus dem Internet.

Attacke: Du gibst ungeheuer viel Geld bei deinen Shoppingtouren aus! Du glaubst wohl, ich bin eine niemals versiegende Geldquelle!
Antwort: (a) Es stimmt, ich gebe dein Geld aus und schaffe Dinge an, die dir dein Leben versüßen!
(b) Nur zu dem, der das Geld in Umlauf bringt, der das Geld fließen lässt, dem kommt es auch wieder zurück!
(c) Schau, dadurch, dass ich immer topgestylt bin, stehst du mit mir immer im Mittelpunkt, du knüpfst dadurch deine Kontakte und verdienst mehr Geld!

Der Trick mit der Unausweichlichkeit

Um die eigenen Vorschläge für den anderen akzeptabel erscheinen zu lassen, gibt es die Möglichkeit, den gegensätzlichen Weg als nachteilig, nicht erstrebenswert, ja schädlich oder einfach nicht gangbar darzustellen.

Beispiel
Argumentation: Wenn wir uns nicht für die Atomkraftwerke aussprechen, dann wird unser Land immer mehr von der Zulieferung von Atomstrom von anderen Ländern abhängig und die Stromversorgung wird sich kontinuierlich verteuern. Wir sind auch leichter erpressbar, denn wenn zu wenig Strom vorhanden ist, stehen die Industrie, das Gewerbe, ja jeder Haushalt still. Wollen Sie im Winter in kalten Räumen sitzen, ohne warmes Wasser, ohne warmes Essen? Überlegen Sie sich einmal, wie viele Geräte allein in Ihrem Haushalt an der Steckdose hängen, wie viele Tätigkeiten Ihnen ohne Strom im Alltagsleben nicht möglich sind!

Gegenargumentation: 1. Zeigen Sie auf, warum diese Konsequenzen nicht unausweichlich sind. Sie könnten z. B. sagen: Wir haben in unserem Land genug Ressourcen, um Strom zu erzeugen. Denken Sie an die Solar- und Windquellen! Bisher konnten wir auch ohne nennenswerte Zulieferung auskommen; wir müssen in Zukunft nur unsere internen Ressourcen ausbauen. Das geschilderte Szenario stimmt daher nicht. Sie gehen von einem falschen Ansatzpunkt aus!
2. Zeigen Sie positive Auswirkungen des Szenarios auf, z. B.: Wenn der Strom einmal länger ausfallen sollte, was bisher ja noch nie der Fall gewesen ist und daher als Ausnahme angesehen werden muss, dann werden die Menschen wieder näher zusammenrücken, sich auf das Wesentliche

besinnen, und vielleicht steigt als Folge sogar die Geburtenrate in den Industrieländern wieder an, wie uns – als Vergleichsbeispiel – der Babyboom beim Stromausfall in Amerika gezeigt hat! Das wäre doch eine positive Folge eines Stromausfalles!
3. Benennen Sie mögliche Abweichungen und zeigen Sie Kompromisse auf: Bisher hatten wir eine Kompromisslösung, mit der wir alle gut gefahren sind! Wir produzieren eigenen Strom und importieren Atomstrom aus anderen Ländern. Die Installierung von eigenen Atomkraftwerken ist daher nicht erforderlich.

Der Trick mit der Negativspirale

Bei der Negativspirale werden negative Erscheinungen, negative Folgen immer mehr in ihren Auswirkungen gesteigert, bis sie am Schluss den Ausblick auf eine Katastrophe liefern.

Beispiel
Argumentation: Wenn die Wirtschaft weiterhin so bergab geht, die Arbeitslosenzahlen immer mehr steigen und die Bevölkerung sich immer weniger leisten kann, werden auch wir frei werdende Stellen nicht weiter nachbesetzen können, dann werden auch wir Mitarbeiter entlassen müssen und können nur hoffen, dass wir nicht den Konkurs anmelden müssen!

Gegenargumentation: 1. Zeigen Sie außer Acht gelassene Vorteile und Chancen auf, z. B.: Ja, es stimmt, dass die Wirtschaftslage nicht gerade rosig ist. Wir haben jedoch den Vorteil, dass wir für eine Marktnische produzieren. Deshalb brauchen wir wohl auch in Zukunft um unseren Arbeitsmarkt nicht allzu sehr bangen.
2. Benennen Sie die Strategie, indem Sie Ihren Gesprächspartner auf die Negativspirale hinweisen: Sie zeichnen eine absolute Negativspirale bezüglich der Zukunftsperspektiven!

Der Trick mit den kleinen Unfairheiten

Als Grundprinzip für jede Verhandlung gilt: **Verhandeln Sie fair!** Aber seien wir offen: Manchmal lassen sich kleine Unfairheiten nicht vermeiden, im Speziellen, wenn man selbst absolut in die Enge getrieben wird. In einem solchen Fall ist es wichtig, dass Sie unfaire Methoden erkennen und sich auch entsprechend wehren können. Einige davon seien im Folgenden genannt:

Gezielte Verunsicherung durch falsche Unterstellungen

Beispiel
Ihr Verhandlungspartner könnte allenfalls Folgendes vorbringen: „Wie man uns zugetragen hat, gibt es noch andere Aufzeichnungen über diesen Sachverhalt, die Sie uns vorenthalten und erst, wenn alles geklärt ist, aus dem Hut ziehen wollen! Finden Sie diese Taktik fair? Wenn Sie so agieren, dann können wir nicht mit Ihnen zusammenarbeiten. Wir arbeiten nämlich seriös und erwarten dies auch von unserem Verhandlungspartner!“

Gegenstrategie: 1. Strikte Abwehr.
2. Aufzeigen der Methode.
3. Bloßstellung der Person, die zu solch einer Methode greift, durch Hinterfragung, was man von ihr zu halten habe! Enden Sie mit einer offenen rhetorischen Frage.
Weisen Sie zum Beispiel die falschen Unterstellungen/Unwahrheiten konsequent und vehement von sich! Sprechen Sie bewusst die Methode an, indem Sie gezielt auf die Unwahrheit hinweisen. Sagen Sie durchaus, was Ihrer Meinung nach von einer Person zu halten ist, die zu einer solchen Taktik greift.

Manipulationsversuche durch falsche Vorwände

Beispiel
Ein Kollege erscheint und berichtet vom Anruf eines Mitbewerbers, der einen Rückruf verlange: „Du sollst so rasch wie möglich bei XY zurückrufen, es geht um das Projekt XY und um den 20%igen Preisnachlass!“

Der momentane Verhandlungspartner wird unter Druck gesetzt, indem man den Mitbewerber in eine vermeintlich bessere Position rückt.

Gegenstrategie: Lassen Sie sich nicht blenden! Überlegen Sie, welche Konditionen fair und realistisch und für Sie akzeptabel sind! Brechen Sie

von sich aus das Gespräch ab! Dann geben Sie den Druck zurück! Fassen Sie Ihre Konditionen noch einmal zusammen! Hat der andere geblufft, wird er versuchen, das Gespräch aufrechtzuerhalten! Wenn nicht, dann bleiben Sie ruhig, betonen Sie noch einmal, dass Sie Ihre Position klar dargelegt haben, dass Sie mit unseriösen Angeboten einfach nicht mitkönnen, da Sie ja in jeder Hinsicht Qualität bieten. Wenden Sie sich zum Gehen, jedoch nicht ohne zuvor eine mögliche Wiederaufnahme der Verhandlungen in einer von Ihnen vorgegebenen Frist eingeräumt zu haben! Zum Beispiel: „Falls Sie es sich doch noch überlegen sollten, mit uns ins Geschäft kommen zu wollen, oder Sie Zeit brauchen, um sich unsere Konditionen durch den Kopf gehen zu lassen, dann ersuche ich Sie, mir innerhalb der nächsten drei Tage Bescheid zu geben! – Danke!"
Der Trick mit dem vorgespielten Anruf wird in abgewandelter Form auch im Privatleben oft angewendet. Besonders schwache Menschen, die Diskussionen oder Schwierigkeiten aus dem Weg gehen wollen, benützen ihn.

Beispiel
Sie wollen mit jemandem ein wichtiges, lange anstehendes Problem diskutieren. Da erfolgt mitten im Gespräch ein Anruf, der dem Gesprächspartner einen Vorwand für den Abbruch des Gesprächs liefert: „Oh, sorry, Schatz, ich kann jetzt leider nicht, ich muss dringend ins Büro/Geschäft/Krankenhaus/in die Kanzlei ... zurück! Besprechen wir das eben ein anderes Mal!"

Gegenstrategie: Bedauern Sie, dass der andere gehen muss, weisen Sie auf „besondere Belohnungen" hin, die Sie nach dem Gespräch geplant hatten! Und bei einem späteren Treffen gehen Sie als Erstes wieder auf dieses Problem ein!
Ihr Partner wird vermutlich mit Floskeln reagieren wie: „Jetzt fängst du schon wieder damit an!", oder „Komm, lass uns jetzt an etwas anderes denken/von etwas anderem sprechen!"
Geben Sie daraufhin Lösungsalternativen vor: „Aber ja, ich habe mir schon überlegt, willst du das Problem auf diese oder jene Art und Weise lösen?"
Wichtig ist, dass Sie sich nicht überreden lassen und ohne eine Lösung oder die Aussicht auf eine Lösung zur Tagesordnung übergehen! Wenn nämlich jemand sieht, dass er bei Ihnen Probleme wegschieben kann, indem er sie einfach ignoriert, wird er diese Taktik immer wieder anwenden, und

Sie werden immer der Verlierer sein! Lieber einmal die Stimmung getrübt haben, als in einer Beziehung dauernd den Kürzeren zu ziehen.

Einsatz von Druckmitteln

Bei Verhandlungen wird sehr oft mit Druckmitteln gearbeitet. Der andere soll dadurch rascher oder eben überhaupt zu einer Entscheidung gebracht werden. Folgende Techniken lassen sich dabei beobachten:

Bewusst hohe Ansprüche bzw. geringes Entgegenkommen zu Verhandlungsbeginn

Indem man zu Beginn des Gesprächs wenig Bereitschaft zum Nachgeben zeigt, wird der Druck zur Aufnahme und Weiterführung von Verhandlungen erhöht, wenn der andere ein Ergebnis erzielen will. Wenn Sie glauben, dass der Zeitpunkt gekommen ist, an dem eine weitere Annäherung nicht mehr möglich ist, dann können Sie den Druck erhöhen durch das berühmte „letzte“ Wort:

- Das ist mein letztes Wort!
- Zu weiteren Änderungen der Konditionen bin ich nicht bereit!
- Das ist mein letztes Entgegenkommen!
- Entweder Sie akzeptieren diese letzte Forderung oder wir lassen es eben insgesamt bleiben!

Wenn Sie diese Methode anwenden und sie noch mit entsprechender Mimik unterstreichen, erhöhen Sie den emotionalen Stress beim Gesprächspartner. Wenn er nachgibt, dann zeigen Sie keine Freude bzw. Genugtuung, sondern machen Sie ihm klar, dass er den eigentlichen Sieg davongetragen hat. Sie geben dadurch dem anderen das Gefühl, Sieger in den Verhandlungen zu sein. Gebrauchen Sie Wendungen wie:

- Na, da haben Sie mich ja ganz schön herumgekriegt, dass ich Ihnen so weit entgegengekommen bin!
- Ich hätte mir, ehrlich gesagt, nie gedacht, dass ich mich von Ihnen so leicht breitschlagen lasse!
- Sie verstehen es, einen anderen über den Tisch zu ziehen ...!

Bitte bedenken Sie aber auch, dass Sie durch diese Letzte-Wort-Taktik alles, was Sie vielleicht schon ausverhandelt haben, mit einem Schlag wieder verlieren können, indem sich der andere dann zurückzieht, jegliche weitere Kompromissbereitschaft beendet und Sie mit einem geplatzten Geschäft zurücklässt. Überlegen Sie sich daher vor dem Gespräch genau, wo Ihre Grenzen liegen, was für Sie gerade noch akzeptabel sein kann und was nicht.

Explizit ausgesprochene Androhungen

Solche Androhungen sind etwa:

- Wenn der Schaden bis zum ... nicht behoben ist, müssen wir leider Klage einbringen!
- Wenn du dieses Verhalten nicht änderst und innerhalb der nächsten vierzehn Tage keinen Willen zur Besserung zeigst, dann verlasse ich dich am Ende des Monats endgültig!

Geben Sie bei Androhungen unbedingt klare Befehle, die auch an terminliche Fixierungen gebunden sind! Erst dann werden sie konkret, auch für den anderen!
Wenn Sie diese Methode anwenden, muss Ihnen klar sein, dass Sie sich an die Einhaltung und Durchführung der von Ihnen angedrohten Konsequenzen auch zu halten haben, ansonsten werden Sie unglaubwürdig!
Möchten Sie nicht jeden Spielraum verlieren, formulieren Sie die (An-) Drohung vorerst noch unbestimmt:

- Wir behalten uns weitere Schritte gegen Sie vor!
- Ich werde mir die unmittelbare Situation noch einmal durch den Kopf gehen lassen und mir Konsequenzen überlegen, wenn du dein Verhalten nicht änderst!

Abwehrforderungen setzen

Oft wirkt es unhöflich, ja sogar beleidigend oder ist für spätere Geschäfte bzw. Verhandlungen nachträglich, wenn man eine zu starre Position bezieht. Ein strikt geäußertes „Ich bin nicht interessiert!“ kann dazu führen, dass man ein zweites Mal nicht mehr kontaktiert wird. Daher kann es ratsam sein, in einer ganz bestimmten Situation/bei einer ganz bestimmten Angelegenheit, in die man nicht verwickelt werden will, zwar nicht rigoros abzulehnen, dafür aber so hohe Forderungen zu stellen, dass der andere das Interesse verliert! Man hat dann das Ansinnen des anderen abgelehnt und gleichzeitig das Gesicht gewahrt:

Beispiele
Kind zur Mutter: „Hilfst du mir bei der Hausaufgabe?"
Antwort: „O ja, ich helfe dir bei der Hausaufgabe, wenn du mir danach beim Staubsaugen und beim Abstauben hilfst und mit mir ein gutes Abendessen zubereitest!"

Klient, der sich von seiner Frau scheiden lassen will, zu seinem Anwalt, der auch mit der Frau befreundet ist und nicht zwischen den beiden stehen will: „Übernimmst du den Fall für mich und ‚ziehst' meine Frau ‚über den Tisch'?"
Antwort: „Ich bin mit euch beiden befreundet und möchte eure Freundschaft nicht verlieren, versteh das bitte! Ich übernehme selbstverständlich den Fall für dich, aber unter der Bedingung, dass ein faires Vorgehen gesichert ist. Ich muss dich aber darauf aufmerksam machen, dass ein Vorgehen, so wie du es willst, äußerst langwierig und somit kostspielig wird. Es müssen Gutachten eingeholt werden, die Gegenpartei wird ihrerseits Gegengutachten einbringen und so weiter ...! Besser, weil rascher und kostengünstiger, ist es, die Forderungen der Gegenseite zu überprüfen, sie an die deinigen anzunähern und so zu einer Einigung zu kommen."
Jetzt wird es darauf ankommen, was der Klient wirklich will! Er wird es zumindest verstehen, wenn sein Freund, der Anwalt, einen Rosenkrieg in diesem Fall nicht mitträgt.

Widersprüche aufdecken

Greifen Sie an, indem Sie Widersprüche in der Argumentation besonders krass hervorheben. Diese Taktik bietet mehrere Vorteile für Sie: Sie sind nicht mehr im Mittelpunkt der Diskussion, da der andere sich verteidigen muss. Der Gesprächspartner wirkt nicht mehr sehr überzeugend, ja bisweilen sogar unglaubwürdig. Er wird in die Defensive gedrängt und muss seine Argumente langatmig erklären, kommentieren ...

Um die Unglaubwürdigkeit des anderen, im Speziellen beim Beisein von Dritten, noch zu unterstreichen, kommentieren Sie seine Erläuterungen durch Kopfschütteln, hochgezogene Brauen, fragende Blicke ... oder verbal durch Formulierungen wie:

- Das soll klar sein?
- Sie widersprechen sich (schon wieder)!
- Sie wollen uns wohl in die Irre führen? Das ist unseriös!

Setzen Sie dabei auch Killerphrasen ein! Der Trick beim Aufdecken von Widersprüchen liegt darin, dass Sie den anderen zum Sprechen bringen! Hören Sie genau hin und haken Sie dann bei einer Behauptung ein, die möglicherweise zu einer anderen oder zu einem Teilaspekt in Widerspruch steht. Gibt Ihnen Ihr Gesprächspartner nur knappe Antworten, so locken Sie ihn mit offenen Fragen, mit Doppel- oder Mehrfachfragen aus der Reserve bzw. provozieren Sie ihn durch vermeintliche Widersprüche.

Gegenstrategie: Verfährt Ihr Gesprächspartner mit Ihnen in der geschilderten Weise, dann bleiben Sie ruhig! Erklären Sie ein Argument nach dem anderen noch einmal! Lassen Sie sich dabei nicht unterbrechen. Weisen Sie angebliche Widersprüche energisch zurück durch Wendungen wie:

- Nein, falsch!
- Darin liegt kein Widerspruch.
- Das wollen lediglich Sie so sehen ...!

Die Theorie/Praxis-Taktik

Diese Taktik erfordert unbedingten Einblick in die Thematik, denn dabei müssen Sie ein konkretes praktisches Beispiel aufgreifen und anhand dessen die Argumentation des anderen sprengen. Ziel ist es, seine Einwände als bloße Theorie im Gegensatz zur Praxis darzustellen.
Lassen Sie zunächst den anderen seine Argumentation vorbringen und haken Sie dann ein mit Wendungen wie:

- Das mag in der Theorie richtig sein ...
- Dieser Vorschlag ist theoretisch sicherlich gut, aber in der Praxis undurchführbar.

Bringen Sie anschließend sofort Ihr Beispiel aus der Praxis, das der dargelegten „Theorie“ widerspricht! Enden Sie eventuell mit dem Satz: „Sie sehen somit, in der Theorie mag der Vorschlag funktionieren, aber in der Praxis ist er nicht durchführbar!“ Sie schließen somit den Kreis zu Ihrer vor dem Beispiel aufgestellten Behauptung, nämlich: In der Theorie ja, in der Praxis nein! Wiederholte Behauptungen, noch dazu, wenn Sie ein praktisches Beispiel, das diese Behauptung illustriert, anführen, prägen sich beim Zuhörer besonders ein!

Gegenstrategie: Wenn Sie einen Vorschlag einbringen, überlegen Sie sich gleich ein konkretes Beispiel und untermauern Sie Ihre Theorie von sich aus durch dieses Beispiel! Führen Sie es mit Sätzen ein wie: „Dies funktioniert nicht nur in der Theorie, sondern selbstverständlich auch in der Praxis, wie Ihnen folgendes Beispiel verdeutlichen wird.“ Und schließen Sie mit einer ähnlichen Formulierung: „Sie sehen also, dass mein Vorschlag nicht nur in der Theorie gut klingt, sondern auch in der Praxis durchführbar ist!“

Widerlegen Sie, indem Sie die Ausnahmefälle zur Regel machen

Bei dieser Strategie verallgemeinern Sie die Ausnahme und erheben den Ausnahmefall zur allgemein gültigen Regel. Zuvor jedoch müssen Sie die Behauptung des anderen zurückweisen.

Beispiel
Argumentation: „Die Versorgung der Bevölkerung mit den Grundprodukten, die man für das alltägliche Leben braucht, wird flächendeckend durch Lieferanten, die durch die Ortschaften, in denen es keine kleinen Händler mehr gibt, fahren, gewährleistet. Auch alte Menschen bzw. nicht motorisierte Personen können somit hinlänglich versorgt werden. Einzelhändler sind in unseren Ortschaften daher nicht notwendig.
Antwort: Dieser Gedankengang, dieser Ansatz Ihrer Argumentation ist komplett falsch! In unserer Ortschaft gibt es auch keine kleinen Gemischtwarenhändler mehr! Der Metzger, der einmal in der Woche durchfährt und seine Ware anbietet, ist vergangene Woche entweder nicht gekommen oder meine Mutter hat ihn versäumt, auf jeden Fall hatten meine Eltern eine Woche lang weder Fleisch noch Wurst. Wenn sie nicht noch Teigwaren im Haus

gehabt hätten und vom Nachbarn ein wenig Gemüse aus dessen Garten bekommen hätten, hätten sie sich nicht einmal eine warme Mahlzeit am Tag zubereiten können. Zum Glück haben sie die Frau, die die Milchprodukte zweimal in der Woche vorbeibringt, nicht versäumt. Wenn die auch noch ausgefallen wäre, hätten sie auch keine Milch, keinen Käse und kein Gebäck gehabt. Von einer flächendeckenden Nahversorgung der Bevölkerung mit den Grundnahrungsmitteln kann daher beileibe nicht gesprochen werden. Soll eine Versorgung tatsächlich gewährleistet bleiben, müssen unsere Kleinhändler unterstützt werden.

Gegenstrategie: Sprechen Sie das Beispiel als Einzelfall an! Klassifizieren Sie es konkret als solches:

- ➔ Das ist ein Einzelfall!
- ➔ Sie wollen doch nicht einen Einzelfall zu einem Regelfall machen!

Widerlegen Sie durch Verallgemeinerungen

Greifen Sie zu Verallgemeinerungen. Benutzen Sie Floskeln, die Ihnen dabei behilflich sind, wie:

- ➔ Wenn hier nun jeder das und jenes ... tun würde!
- ➔ Wenn jetzt plötzlich alle kommen und ...
- ➔ Man kann doch nicht von jedem verlangen, dass ...

Gegenstrategie: Sprechen Sie wiederum die Verallgemeinerung als solche an.

Der Trick mit den Fremdwörtern

Prinzipiell gilt beim Kommunizieren, dass Sie Ihr Gegenüber sowohl wissensmäßig als auch verbal dort abholen, wo es sich befindet. Normalerweise sollten Sie daher auch mit Fachausdrücken oder Fremdwörtern sparsam umgehen, weil der andere den Begriff möglicherweise nicht kennt.
Wenn Sie Ihren Gesprächspartner aber bewusst verwirren wollen, sei es, um zu zeigen, dass Sie allein der Experte sind und daher eher mit einer Zustimmung zu Ihren Plänen zu rechnen haben, sei es, um den anderen

coram publico bloßzustellen, dann greifen Sie durchaus auch hin und wieder zu Fremdwörtern. Diese Taktik ist durchtrieben, weil Fremdwörter oder Fachausdrücke an sich nichts Verwerfliches sind, aber durch die Art und Weise, wie Sie damit umgehen, sehr wohl zu einem Instrument der Verunsicherung werden können.
Beginnen Sie mit dem Einsatz von herkömmlichen Fremdwörtern/Fachausdrücken. Erklären Sie geschickt hie und da eingestreute schwierigere Begriffe und lassen Sie sich das Verständnis des anderen entweder nonverbal, zum Beispiel durch ein Kopfnicken, oder verbal quittieren!
Dann erst beginnt die eigentliche Taktik: Beginnen Sie bei dem Part, den Sie durchsetzen wollen, rascher zu sprechen. Verwenden Sie eine Abfolge von Fremdwörtern/Fachausdrücken, fordern Sie aber keine Quittierungen mehr ein oder geben keine Erklärungen, sondern reden Sie den anderen einfach nieder. Unterstreichen Sie Ihren Wortschwall mit einer entsprechenden Mimik, etwa ernster Miene, bejahendem Kopfnicken, weit ausholender, somit stark betonter Gestik, etc. und verdeutlichen Sie auf diese Weise Ihre Kompetenz. Beachten Sie schließlich auch eine bestimmte Pausensetzung, wie sie im folgenden Abschnitt geschildert wird.

Der Trick mit der Pausensetzung

Setzen Sie Pausen, um sich nicht unterbrechen zu lassen

Das mag vielleicht widersprüchlich klingen, ist es aber nicht. Im Gegenteil, Pausen können geschickt verhindern, dass Ihnen ein anderer vorschnell das Wort abschneidet: Normalerweise setzt man eine kurze Pause, wenn ein Satz zu Ende ist. In der geschriebenen Sprache markieren Satzzeichen wie Beistriche oder Strichpunkte etc. kürzere Pausen, während Punkte, Ruf- und Fragezeichen längere Pausen kennzeichnen! In der gesprochenen Sprache signalisieren Stimmzeichen eine Pausensetzung. Der Sprecher senkt an solchen Stellen die Stimme. Mit Hilfe eines Tricks, der sich diesen Umstand zunutze macht, können Sie zum Dauerredner werden, ohne dass Ihr Gesprächspartner sich so ohne weiteres in das Gespräch einklinken kann:

- ➔ **Setzen Sie** einfach am Ende des Satzes die Stimme **nicht ab**.
- ➔ Halten Sie die **Stimmlage oben**.
- ➔ Sprechen Sie ohne Pause das **erste Wort** des folgenden Satzes!

Der Fachausdruck dafür lautet *Enjambement.* Besonders häufig wird das Enjambement in der Dichtung eingesetzt, wo das Zeilenende nicht zugleich als Satzende zu verstehen ist.

- ➔ Machen Sie nun erst im nächsten Satz die **Pause, und zwar bei dem Wort, das Ihnen wichtig ist** und das Sie durch die Pausensetzung auch gleich betonen!
- ➔ Dieses Wort sollte **eher am Anfang des zweiten Satzes** stehen, denn für Sie ist es angenehmer, wenn Sie nicht zu lange ohne Pause durchsprechen müssen. Wenn das Wort erst am Ende des zweiten Satzes folgt, bestünde zudem die Gefahr, dass Ihr Gegenüber dies als Signal zum Einhaken verstehen könnte.

Beispiel
„Ich freue **mich, dass** (Enjambement) Sie, **werte Mitarbeiter** (Pause), alle hier erschienen sind, und möchte **bevor** (Pause) wir auf Ihre dringliche Anfrage zu sprechen **kommen, noch** ein **mir** (Pause) sehr wichtiges Thema **anschneiden, und** (Enjambement) zwar die **allgemeine Pünktlichkeit** (Pause) im Betrieb, die leider Gottes **zu wünschen** (Pause) übrig **lässt, was (Enjambement)** mich **dazu** (Pause) bringt ...

An sich ist diese Taktik ganz einfach: Sie setzen die Pause nicht dort, wo sie dem normalen Redefluss entsprechend hingehört und sich automatisch ergibt, sondern überspringen diese Stellen bewusst und beziehen so zumindest das erste Wort des folgenden Satzes in Ihren Redefluss mit ein. Dadurch betonen Sie gerade das Wort, das Ihnen in diesem folgenden Satz wichtig ist. Es ergibt sich damit ein völlig neuer Redefluss, der für Ihren Gesprächspartner schwer zu unterbrechen ist, weil man normalerweise immer auf das Ende des Satzes wartet und es dann erst unternimmt, sich selbst einzubringen! Wenn jedoch die zu erwartende Pause nicht gesetzt wird, sondern erst dort kommt, wo man sie nicht erwartet, scheut man sich als höflicher Mensch zu unterbrechen.

Gegenstrategie: Rücksichtsloses Unterbrechen, auch auf die Gefahr hin, dass man rüde und unhöflich erscheint. Fallen Sie dem anderen ruhig ins

Wort. Da Ihr Gesprächspartner rücksichtslos drauflosredet, steht es Ihnen auch zu, auf das höfliche Abwarten zu verzichten.

Beachtenswertes zur Pausensetzung

Pausen sind notwendig, um über gehörte Inhalte nachzudenken. Sie vermeiden in Ihrer Rede dadurch automatisch Füllwörter, die im Grunde nur gesetzt werden, weil man glaubt, Pausen, die man zum Nachdenken braucht, verbal füllen zu müssen.

- ➔ Wenn Sie sich jedoch beim Sprechen Pausen erlauben, wirkt Ihr Vortrag akzentuierter und selbstbewusster! Um ein Wort zu betonen, setzen Sie vor dem Wort – zur Erhöhung der Spannung – und nach dem Wort – um die Aussage wirken zu lassen – jeweils eine Pause!
- ➔ Setzen Sie auch Pausen, wenn Sie von einem Gedankengang zu einem anderen wechseln! Dadurch räumen Sie Ihrem Gegenüber die Möglichkeit ein, über das Gehörte noch einmal kurz nachzudenken, bevor dieses durch die folgenden Inhalte wieder überlappt wird.
- ➔ Beginnen Sie einen Vortrag immer mit einer Pause, mit einem Schweigen! Warten Sie ab, bis Ihr Publikum ganz ruhig ist, sich schon gespannt konzentriert. Sprechen Sie noch immer nicht! Warten Sie noch ein paar Sekunden, damit sich die Spannung, Ihnen zuhören zu wollen, steigert.
- ➔ Setzen Sie Pausen als Abwehr und um gleichzeitig einen Vorwurf zu suggerieren. Bei Forderungen, Anträgen, Beschwerden, die überzogen oder nicht gerechtfertigt sind, reagieren wir oft aggressiv, aufbrausend. In einer solchen Situation werden oft Worte gebraucht, die verletzend sind und im Endeffekt bestenfalls das Gegenteil von Verständnis, Übereinkommen zulassen.

  Versuchen Sie einmal, wenn Ihr Gesprächspartner Sie provoziert, wenn Sie sich verletzt fühlen bzw. wenn Sie Aggressionen in sich wach werden fühlen, ruhig zu bleiben, und schweigen Sie.

  Hören Sie sich das Statement Ihres Gegenübers an und sagen Sie einfach nichts.

  Schauen Sie aber Ihrem Gesprächspartner dabei direkt in die Augen und unterstreichen Sie nonverbal – durch Ihre Mimik – das, was Sie eigentlich sagen wollten, das heißt, reagieren Sie entweder mit ernster Miene, mit einem fragenden Blick, mit einem spöttischen Lächeln.

Wichtig ist, dass Sie Ihr Schweigen nicht unterbrechen, so lange nicht, bis der Gesprächspartner, der mit einem Schweigen Ihrerseits nicht gerechnet hat, sein Statement beendet hat, und, vergeblich auf Ihr Entgegnen wartend, von selbst wieder zu sprechen beginnt.
Verwundert über Ihr Schweigen ist Ihr Gesprächspartner dazu verleitet, Erklärungen bezüglich seiner Behauptungen abzugeben.
Hören Sie genau hin, ob Sie nicht irgendwelche Widersprüchlichkeiten herausfiltern können.
Bei dieser Schweigetechnik, die als Abwehr und gleichzeitig als Vorwurf eingesetzt wird, ist Ihr nonverbales Agieren besonders wichtig. Dieses spricht für Sie. Begleiten Sie daher die Kommentare, die Ihr Gegenüber von sich gibt, mit einer entsprechenden Mimik. Sie werden staunen, wie wirksam solch nonverbale Botschaften sein können.
Wenn sich der andere dann heiß geredet hat, bringen Sie ihn durch gezielte Fragen in die von Ihnen gewünschte Richtung oder blocken Sie seine Feststellungen durch strikte Zurückweisungen ab:
Falsch, das stimmt (so) nicht!
Das sehen (lediglich) Sie so!

Gegenstrategie: Wenn Sie selbst mit dieser Schweigetaktik konfrontiert werden, achten Sie darauf, dass Sie Ihrerseits nicht draufloszureden beginnen! Nehmen Sie das Schweigen gelassen an und reagieren Sie mit einer offenen Frage! Damit lenken Sie Ihren Gesprächspartner wieder in eine bestimmte Richtung bzw. bekommen von ihm Zusatzinformationen, durch die Sie beide zu einem Konsens kommen können.
Das abrupte Abbrechen im Wort ist dann von Vorteil, wenn Ihr Gesprächspartner Sie immer wieder unterbricht, Sie kaum einen Satz zu Ende sprechen können. Um ihm bzw. möglichen Anwesenden diese Unart vor Augen zu führen, können Sie diese Taktik anwenden.
Der Trick liegt darin, dass Sie nicht nach einem Wort im Satz abbrechen, sondern unmittelbar **in** einem Wort.
Beispiel:
„Ich wollte damit aus- ...“ Nach diesem Abbruch schauen Sie Ihrem Gegenüber direkt in die Augen und unterstreichen diese Abbruchtaktik unbedingt wieder mit einer entsprechenden Mimik. Dadurch wird die Wirkung verstärkt.

Dann wiederholen Sie noch einmal den Satz: Ich wollte damit ausdrücken, dass ...
Versuchen Sie in Folge unmittelbar bei jeder Unterbrechung durch den anderen mit einer Unterbrechung Ihrerseits mitten im Wort zu reagieren! Dann wiederholen Sie nochmals den ganzen Satz! Weisen Sie Unterbrechungen auch durch Statements zurück wie:

- ➔ Darf ich bitte ausreden?
- ➔ Warum unterbrechen Sie mich andauernd?
- ➔ Wieso lassen Sie mich nicht ausreden?
- ➔ Einen Moment, ich bin noch nicht fertig und ich möchte, wie es in einer gepflegten Gesprächskultur üblich ist, mein Statement zu Ende führen!

Sie sehen also, dass durch bewusstes Schweigen, durch bewusstes Pausensetzen enorm viel bewirkt werden kann!

8 WIRKSAME GESPRÄCHSSTRATEGIEN

Ich-Botschaften und Du-Botschaften

Sowohl Ich-Botschaften als auch Du-Botschaften lassen sich im Gespräch bewusst einsetzen, je nachdem, was Sie erreichen wollen!
Wenn Ihnen ein Vorwurf entgegengehalten wird, der ja stets eine Du-Botschaft enthält, dann verwandeln Sie ihn in Ihrer Antwort in eine **Ich-Botschaft**! Bekennen Sie sich zu Ihren Gefühlen und zeigen Sie Selbstbewusstsein!

So-nicht-Beispiel: Du beleidigst mich andauernd! Oder: Warum beleidigst du mich andauernd?
So-Beispiel: Ich fühle mich von dir beleidigt!

Wenn Sie in Ihrer Antwort bei einer Du-Aussage bleiben, wird eher der Weg der Anklage beschritten bzw. nach einer Rechtfertigung gesucht! Eine Ich-Aussage erzeugt beim Gesprächspartner vielmehr ein schlechtes Gewissen und kann leichter zur Klärung der Situation beitragen als eine Rechtfertigung. Wenn Sie eine Ich-Aussage tätigen, dann erkennt Ihr Gesprächspartner, dass Sie sich seine Vorhaltungen zu Herzen nehmen und sich auch nicht scheuen, dies zu bekennen. Er wird davon beeindruckt sein, dass Sie zu Ihrem emotionalen Zustand stehen, und seine Bereitschaft einzulenken wird steigen.

Anders verhält es sich mit **Du-Botschaften**: Du-Botschaften, vermehrt im Gespräch eingesetzt, setzen den anderen unter Druck. Sie verführen ihn leichter zu Überreaktionen, er verliert eher die Contenance. Du-Botschaften werden etwa mit folgenden Wendungen eingeleitet:

- ➔ Sie haben doch gesagt, dass ...
- ➔ Sie sind es doch gewesen ...
- ➔ Du hast mich falsch verstanden ...
- ➔ Das ist dein Problem, das musst du lösen ...

Gegenstrategie: Wenn Sie mit Du-Botschaften „bombardiert“ werden, gehen Sie nicht darauf ein, lassen Sie sich nicht aus der Ruhe bringen, son-

dern antworten Sie mit Ich-Botschaften! Darauf ist Ihr Gegenüber nämlich nicht gefasst!
Noch weniger ist er auf eine Kombination von Ich-Botschaften als Beschwichtigungsmittel und Du-Botschaften als Angriffsmittel eingestellt. Dabei kommt es auf die richtige Dosierung an. Üben Sie daher im privaten Bereich bei Kleinigkeiten, damit Sie das richtige Gespür entwickeln und dann diese Technik auch bei kniffligen Angelegenheiten parat haben!

Der Einwand in letzter Minute

Mit dieser Taktik können Sie ein bereits vorhandenes Verhandlungsergebnis ad absurdum führen!
Der Trick liegt darin, dass Sie sich während der Diskussion/Besprechung eher im Hintergrund halten und die anderen reden lassen, und zwar so lange, bis sich ein Ergebnis abzeichnet!
Wenn alle schon Anstalten machen, sich „zurückzulehnen", melden Sie sich zu Wort und zweifeln das erreichte Verhandlungsergebnis an, indem Sie ein völlig neues Faktum/Ergebnis in den Raum stellen und hinterfragen, ob nicht etwa gerade diese Variante die Variante der Wahl sei!
Sie machen dadurch die Einigung hinfällig, die Verhandlungen beginnen quasi von vorne. Diese Taktik wird angewendet, wenn jemand Zeit schinden will, oder um schnell noch eine Änderung im Ergebnis zu erzielen; denn wenn ein Ergebnis dringend erwartet wird, wird man nach einer kurzen Verblüffung eher bereit sein, Ihre Variante zu akzeptieren, als ganz ohne Ergebnis vom Verhandlungstisch aufzustehen.
Auf Einwände wie:

- Hätte dir das nicht schon früher einfallen können?
- Wir waren uns doch gerade noch einig ...

reagieren Sie mit Formulierungen wie:

- Mir ist die Wichtigkeit dieses Faktums erst im Zuge der Diskussion bewusst geworden ...
- Dieses Detail kann man doch nicht außer Acht lassen ...!

Sie können den Überraschungseffekt noch verstärken, indem Sie vorher – im Laufe der Einigung – in Mimik und Gestik Wohlwollen und Zustimmung signalisieren und dann ganz plötzlich am Ende noch Ihren Einwand vorbringen.

Wertvolle Zeit gewinnen

Die oben angeführte Taktik kann ein Gespräch überhaupt zum Scheitern bringen und eine Vertagung der Verhandlungen bewirken. Manchmal erscheint es im Verlauf eines Gespräches aber einfach notwendig, selbst etwas mehr Zeit zum Nachdenken zu erwirken. Hierfür gibt es auch unterschiedliche Taktiken:

➔ Sie unterstellen die Äußerung eines Verhandlungsteilnehmers einem anderen. Wenn dann der betreffende Verhandlungspartner dagegen protestiert und beteuert, er sei es doch nicht gewesen, der dieses Argument vorgebracht habe, dann verlangen Sie gleich eine Klarstellung! Dadurch wird in der Gruppe Verwirrung gestiftet. Sie können, nachdem sich der Aufruhr gelegt hat, noch einmal alle Argumente zusammenfassen und nach Ihrem Gutdünken ordnen, wodurch Sie neuerlich Diskussionen entfachen und kostbare Zeit gewinnen können.

➔ Sie stellen sich bewusst dumm: Lassen Sie sich Standpunkte näher erklären! Daran angeschlossene offene Fragen machen einen weiteren Erklärungsbedarf notwendig.

➔ Ständiges Dagegensein.

➔ Ständiges Hinterfragen der Richtigkeit der von den anderen vorgebrachten Argumente/Statistiken.

➔ Einbringen von ständig neuen Forderungen.

➔ Verknüpfen der Verhandlungsbereitschaft mit bestimmten Forderungen, die dargelegt werden müssen, denen möglicherweise widersprochen wird, die dann wieder ausführlich dargelegt werden müssen ...

➔ Zerreden eines Sachverhaltes durch Herausgreifen eines Teilaspekts oder eines an sich unwichtigen Arguments und Ausschlachtung desselben.

➔ Beweispflicht: Egal, was der andere sagt oder vorschlägt, fragen Sie: „Wie wollen Sie das beweisen?“ Oder Sie wenden ein: „Beweisen Sie Ihren theoretischen Ansatz!“ Beweise, gerade für neue Verfahren, für die Qualität neuer Ideen, lassen sich schwer finden, besonders dann, wenn sie ad

hoc geführt werden sollen. Wenn doch, lassen Sie sich wieder beweisen, dass der angeführte Beweis auch wirklich stimmt! Beweispflicht einzufordern kann Ihr Gegenüber leicht in Schwierigkeiten bringen, ein Umstand, der bei Anwesenheit von Dritten als Unsicherheit bzw. als Mangel an Stichhaltigkeit ausgelegt werden kann.
➔ Begriffsdefinition: Wählen Sie einen beliebigen Begriff aus der Argumentation Ihres Gegners und verlangen Sie eine Definition wie: „Was verstehen Sie unter ...?" Wenn der Gegner dann sein Verständnis des Begriffes genannt hat, können Sie weitere Verzögerungstaktiken anwenden:

➔ Angebliches Nichtverstehen der Definition, eingeleitet durch Floskeln wie:
  - Das verstehe ich nicht!
  - Wie meinen Sie das? ...
    Dadurch ergibt sich für den anderen die Notwendigkeit einer neuerlichen Formulierung, die dann Ihrerseits auch wieder nicht verstanden oder missverstanden wird! Als letzte Möglichkeit bleibt die endgültige Zurückweisung durch abschließende Bemerkungen wie: „Wenn nicht einmal der Begriff XY eindeutig geklärt werden kann, wenn nicht einmal klar ist, was mit XY gemeint ist, wie kann man dann über ... sprechen?"

➔ Ein schroffes Zurückweisen durch Floskeln wie:
  - Das ist falsch!
  - Das trifft doch nicht zu!

Durch dieses Zurückweisen wird der andere zu einer weiteren Erklärung herausgefordert – und Sie gewinnen Zeit, sich eine Gegenstrategie oder Gegendefinition zu überlegen!
All diese Taktiken kosten Zeit, Zeit, die es Ihnen ermöglicht, neue Strategien zu entwickeln oder Ihren Verhandlungspartner empfindlich unter Druck geraten zu lassen. Für das tatsächliche Problem bleibt so kaum noch Spielraum! Während die anderen in Verwirrung geraten, bleiben Sie Herr(in) der Situation, Sie wirken souveräner als die anderen und können Ihre Vorschläge oder Forderungen leichter durchsetzen.

Gegenstrategie: Blocken Sie alles, was vom Thema wegführt und nach Zeitschinden aussieht, kategorisch ab! Sie brauchen Ihre Zeit, um ein günstiges Ergebnis auszuverhandeln. Seien Sie sich also stets dessen bewusst!

Vorsicht, Gesprächsfallen!

Präzisions- und Beweisfalle

Für Argumente, Informationen und Aussagen werden jede Menge Statistiken und Zahlen als Belege nachgereiht, die sie untermauern sollen!

Achtung: Fragen Sie immer nach der Quelle, von wem die Statistik stammt und wer tatsächlich befragt worden ist, denn jeder verfolgt mit einer Statistik auch ein ganz bestimmtes Ziel. Die Statistik einer anderen Institution mit einer anderen Zielsetzung wird vermutlich ganz anders aussehen. Achten Sie auch auf das Erhebungsjahr. Gehen Sie mit Statistiken, mit Zahlenangaben generell sehr kritisch um.

Die Expertenmeinungs- und Fremdwortfalle

Als Untermauerung von Behauptungen können auch Zitate herangezogen werden, indem in den Vortrag, in das Gespräch Expertenmeinungen oder Fachbegriffe, die eine Pseudolegitimierung vorspiegeln sollen, eingefügt werden.

Achtung: Fragen Sie im Falle von Expertisen immer bei Fachleuten nach und verlangen Sie ausreichendes Beweismaterial! Akzeptieren Sie nicht blindlings jedes Zitat, hinter einer zitierten Expertenmeinung steckt immer auch eine bestimmte Absicht.

Die Konsensfalle

Eine angeblich allgemein anerkannte oder anzuerkennende Position wird als Angelpunkt in die Argumentation eingeschoben bzw. lanciert! Durch die allgemeine Akzeptanz bzw. durch das Appellieren an den gesunden Menschenverstand soll ein „Sich-davon-Ausschließen“ im Ansatz verhindert werden. Meist dienen als Ausgangspunkte dieser Argumentation Floskeln wie die folgenden:

- Es ist unbestritten, dass ...
- Jeder heutzutage weiß doch, dass ...
- Die Situation erfordert, dass ...

- Wir sind uns doch hinlänglich einig darüber, dass ...
- Der gesunde Hausverstand sagt uns, dass ...
- Jeder, der sich mit diesem Thema intensiv beschäftigt hat, weiß, dass ...

Achtung: Eruieren Sie, ob tatsächlich Einigkeit erzielt worden ist oder diese nur behauptet wird.
Verlangen Sie genauere Ausführungen bezüglich der Argumentation als auch bezüglich der zugrunde gelegten Beweisführung.

Die Autoritätsfalle

Die eigene Autorität wird hier als Beweis, als Versicherung für die angebliche Richtigkeit und somit für die Akzeptanz in die Waagschale geworfen. Und zwar mit Floskeln, die lauten könnten wie folgt:

- Als Fachmann kann ich Ihnen bestätigen, dass ...
- Es besteht kein Zweifel daran, dass ...
- Ich garantiere/versichere Ihnen, dass ...

Beispiel
Ich habe bereits Erhebungen durchgeführt, mich hinlänglich darüber informiert: Unser Kundenstock steht voll hinter dem neuen Produkt ...

Achtung: Fordern Sie weitere Erklärungen für die Beweislegung ein. Hinterfragen Sie für sich die Fachmanntheorie. Lassen Sie sich davon nicht automatisch beeindrucken und von dem Statement überzeugen.

Die Feindbild-Falle

Die Wir-Botschaft vermittelt ein angebliches Zusammengehörigkeitsgefühl und polarisiert die anderen als Feindbild. Eine eindeutige Orientierung wird vermittelt und somit eine Schwarz-Weiß-Malerei, nämlich: **Wir, die Guten, die anderen, die Schlechten**! Alle Inhalte werden auf eine Kernbotschaft, die bei jeder Argumentation mitschwingt, reduziert, nämlich: die **Bedrohung des „Wir"** durch die anderen! – und somit wird deren Ablehnung, die Abwendung von ihnen bzw. sogar die sich daraus logisch ergebende, gerechtfertigt scheinende Eliminierung der anderen eingefordert. Die Schwarz-Weiß-Malerei wird durch die Emotionalisierung der Gesprächsführung, der Argumentation verstärkt. Auch Sachthemen können auf die emotionale Schiene gehoben werden. Hierbei spielt der Einsatz von bildhaften Elementen eine bedeutende Rolle. Diffamierungen, Bedrohungen durch die anderen werden bewusst eingebaut, um das Feindbild zu untermauern. Schlechte Absichten werden unterstellt.

Achtung: Sprechen Sie bewusst die angewandte Taktik an! Entlarven Sie die Schwarz-Weiß-Malerei als solche und weisen Sie sie bestimmt zurück! Wenn Sie politische Diskussionen genau verfolgen, wird Ihnen diese Taktik nicht fremd, ja vertraut sein!
Achten Sie darauf, dass Sie einerseits diese Fallen bei Bedarf selbst einsetzen können, um jemanden von Ihrer Meinung zu überzeugen, dass man aber andererseits durch diese Taktiken auch Sie von einer bestimmten Meinung zu überzeugen versucht.

Appelle statt Fragen

In Ihrer Verhandlungstaktik können Sie sich auch die Form des Appells zunutze machen. Welchen Zusammenhang, so werden Sie jetzt vermutlich denken, kann man zwischen einem Appell, der ja eine direkte Handlungsaufforderung hinsichtlich des Gesprächs- bzw. Tätigkeitsfeldes des Gesprächspartners darstellt, und einer Frage herstellen?
Einen Appell senden Sie aus, wenn Sie möchten, dass jemand sein bzw. Ihr Denken in Handeln überleitet. Ein Appell bedeutet im Kern immer: Sie sollten dieses oder jenes tun! Klare Appelle positionieren zudem ganz besonders deutlich und lassen kaum einen Graubereich in der Kommunikation offen.
Welche unterschwelligen Interpretationen lassen sich nun in die Formulierung eines Appells legen?

Schwarz-Weiß-Malerei im Appell

Sie teilt die Umwelt, das Handeln, das Denken einfach in Gut und Böse, in Feindlich und Freundlich, Moralisch und Unmoralisch! Sie erzeugt ein **Feind-Freund-Schema**.

Helfersyndrom im Appell

Institutionen, Organisationen, Unternehmen appellieren sehr gerne an das Helfersyndrom. Spendenaufrufe begegnen Ihnen im alltäglichen Leben. Sie werden, gerade was die Österreicher betrifft, verstärkt angenommen, verfolgt man zum Beispiel die Sendung „Licht ins Dunkel" – eine von vielen –, die jedes Mal enorme Spendensummen einspielt.
Das Helfersyndrom im Appell stärkt im Menschen förmlich das eigene Ego, denn wer helfen kann, dem geht es auch besser als denjenigen, denen geholfen werden soll! Wer anderen helfen kann, hat auch mehr als der andere, der kann es sich leisten zu spenden.

Sündenbocktheorie im Appell

Die Sündenbocktheorie begegnet uns – wie die Schwarz-Weiß-Malerei – besonders im alltäglichen politischen Leben, wobei die Sündenböcke rasch wechseln, was zeigt, wie leicht wir uns über die Relevanz einer Person oder eines Themas oder einer Sache täuschen lassen.

Siegergefühl im Appell

Besonders häufig wird diese Taktik vor Wahlen angewandt, indem Umfrageergebnisse bzw. Prognosen verlautbart werden, die eine Partei als die in der Gunst der Wähler vorne liegende klassifiziert. Diese Partei wird dann oft von den Unschlüssigen gewählt, da man praktisch nur noch den Siegerbonus zu geben braucht. Wir alle erkennen diese Taktik aber auch, wenn ein Sprecher im Auditorium das Siegergefühl emotional zu wecken versucht und zugleich mit einer Handlungsanweisung oder Denkvorgabe koppelt.

Beispiel
Trainer zu seinen Spielern: Wir werden das Match gewinnen! Wichtig ist, dass euch bewusst ist, dass ihr ein Team seid, dass ihr als Team und nicht als Einzelspieler agiert! Ihr seid die Besten! Geht hinaus und zeigt es den Gegnern!

Be- oder Entlastung von Schuldkomplexen

Wir stellen uns in unserem Leben immer wieder die Sinnfrage. Appelle, die sich an Schuldkomplexe richten, ent- oder belasten unser Gewissen, indem sie zur Pflichterfüllung aufrufen oder eine Pflichtverletzung entschuldigen. In unserem alltäglichen Leben begegnen wir ständig Appellen, die, je nach Absicht, bestimmte Ziele fokussieren, zum Beispiel ökonomisch orientierte, ökologisch, sozial, egozentrisch orientierte, aber auch solche, die an Wertgefühle Botschaften aussenden.
Appelle sind stärker als Fragetechniken, da sie das Gegenüber direkt zu einer bestimmten Handlungs- oder Denkweise anregen. Es werden keine Entscheidungen hinterfragt, sondern bereits Entscheidungen als Anweisungen vorgegeben.

Beispiele
Frage: Herr Meyer, könnten Sie bitte die Türe öffnen?
Appell: Herr Meyer, öffnen Sie bitte die Türe!

Frage: Welche Meinung vertreten Sie?
Appell: Erläutern Sie uns Ihre Meinung!

Frage: Können Sie das weiter ausführen?
Appell: Führen Sie diese Aussage/Handlungsweise weiter aus!

Frage: Was denken Sie?
Appell: Sagen Sie uns Ihre Ansicht dazu!

Einige weitere beispielhafte Gesprächsappelle sollen Ihnen diese Taktik veranschaulichen:

a) Beispielhafte Gesprächsappelle:
Erläutern Sie uns bitte ...
Beweisen Sie das!
Erklären Sie uns doch ...
Schildern Sie bitte ...
Belegen Sie das ...
Beschreiben Sie ...

b) Beispielhafte Handlungsappelle:
Vertrauen Sie mir ...
Machen Sie bitte ...
Denken Sie darüber nach ...
Ergreifen Sie die Initiative ...
Akzeptieren Sie diesen Standpunkt ...

Checkliste: 30 Tricks mit großer Wirkung

1. Streichen Sie das „man“ dort, wo es nicht notwendig ist!
Verwandeln Sie es in eine Ich- oder Du- oder Wir-Botschaft!
Man-Botschaften:
➔ vermitteln Objektivität,
➔ sind aber entpersonalisierend,
➔ nicht festlegend!
Ich-Botschaften:
➔ sind konfliktlösende Formulierungen,
➔ benennen eigene Emotionen,
➔ sind Feedback-Konfrontationen als Reflexion des Sprechers!
Du-Botschaften:
➔ sind appellativ und fordernd,
➔ nehmen Entscheidungen vorweg,
➔ fordern zur Stellungnahme heraus,
➔ geben Verantwortlichkeit ab,
➔ provozieren Rechtfertigung und Erklärung!
Wir-Botschaften:
➔ betonen das Gemeinsamkeitsgefühl,
➔ fordern Konsens ein,
➔ unterstreichen Teamleistung,
➔ sind allerdings auf den Wahrheitsgehalt zu überprüfen!

2. Wer etwas zu sagen hat, der erhebt auch das Wort!
Bringen Sie sich in Diskussionen ein, und sei es, dass Sie „nur“ das letzte Wort haben! Bauen Sie Ihre Position auf! Es ist leichter, diese zu verteidigen als eine andere auszuhebeln!

3. Definieren Sie Ihre Rolle, planen Sie und inszenieren Sie Ihre Auftritte!

4. Unterscheiden Sie inhaltliche Angriffe von solchen, die auf der persönlichen Ebene stattfinden!
Beenden Sie diese konsequent, bevor Sie inhaltliche Souveränität beweisen! Lassen Sie sich nicht das Ruder aus der Hand nehmen, es geht schließlich um Sie!

5. Formulieren Sie konkret!
Streichen Sie relativierende Aussagen, wenn Sie sich festlegen können und wenn Sie ein konkretes Ergebnis anstreben!

6. Formulieren Sie zielorientiert!
Beispiele:
Nicht: Was ich darstellen wollte ...
Sondern: Ich habe dargestellt/Ihnen klargelegt, dass ...

Nicht: Man könnte ja glauben, ...
Sondern: Man könnte ja fälschlicherweise glauben, dass ...

Nicht: Als ein bereits hundertjähriges Unternehmen ...
Sondern: Als ein modernes Unternehmen mit hundertjähriger Erfahrung ...

Nicht: Wir bemühen uns konsequent darum, Ihnen wirklich guten Service zu bieten.
Sondern: Wir bieten Ihnen exzellenten Service an!

Nicht: Ich denke einmal, dass ...
Sondern: Faktum ist, dass ...

Nicht: Kundennähe ist uns kein Fremdwort!
Sondern: Kundennähe ist für uns Grundvoraussetzung!

Nicht: Als Laie wissen Sie wohl nicht, dass ...
Sondern: Für Branchenkenner ist klar, dass ...

Nicht: Haben Sie überhaupt schon einmal darüber nachgedacht ...
Sondern: Sie haben sich sicherlich schon gefragt ...

7. Formulieren Sie Vorwürfe in Fragen um, aber auch vice versa vorwurfsvolle Fragen in Aussagen!

8. Beziehen Sie Ihren Gesprächspartner mit ein, sprechen Sie ihn mit dem Namen an!
Namen sind die Schlüssel zu den Menschen.

9. Stellen Sie einen Rückbezug zu Ihrem Gesprächspartner her!
Zitieren Sie Ihren Gesprächspartner. Sie geben ihm dadurch das Gefühl von Bedeutung.
Beispiel: Ein Punkt, den Sie ja schon bei der letzten Sitzung angesprochen haben ...
Ein Satz von Ihnen ist mir in Erinnerung geblieben ...
Eine Ihrer Aussagen war ...

10. Bauen Sie Szenarien auf und formulieren Sie diese!
Sagen Sie nicht: „Stellen Sie sich vor ...“, sondern: „Erinnern Sie sich an ...“, „Sie kennen doch die Situation ...“
Sie suggerieren dadurch Zustimmung!

11. Fokussieren Sie bei wichtigen Aussagen Ihren Gesprächspartner und behalten Sie ihn in der Wirkpause noch bei!
Erzeugen Sie dadurch Sprechzwang!

12. Setzen Sie Appelle ein und intensivieren Sie den Blickkontakt!

13. Flechten Sie Konsensformulierungen mit ein!
Beispiel: Jeder, der sich intensiv mit Projektmanagement auseinander setzt, kennt dieses Problem ...

14. Flechten Sie wertschätzende Aussagen mit ein!
Sie verankern die Beziehungsebene und vermitteln Respektsanerkennung!
Beispiel: Sie als Profi ...

15. Bereiten Sie sich immer gut vor und prüfen Sie, was passieren könnte, welche Fragen gestellt, welche Einwände gemacht werden könnten!
➔ Legen Sie sich Antworten/Aufbrechtechniken zurecht.
➔ Gehen Sie dafür innere Dialoge durch, die sie laut vor sich hersprechen.

- ➔ Erst durch das laute Formulieren prägen sich Entgegnungspraktiken besser ein.
- ➔ Kalkulieren Sie immer auch einen **Rollenwechsel** mit ein. Überlegen Sie sich, in welcher Rolle Ihr Gesprächspartner agiert/agieren muss, versetzen Sie sich in diese Rolle! Auf diese Art und Weise werden Ihnen leichter Argumente, die man Ihnen entgegenhalten könnte, einfallen.

16. Achten Sie bei Vorgaben von Überprüfungsrastern, die Sie zu einem Vergleich auffordern!
Richten Sie Ihr Augenmerk nicht ausschließlich auf den Vergleich, denn genau das möchte man ja erreichen, sondern hinterfragen Sie die Zutreffbarkeit des vorgegebenen Rasters.

17. Werden Sie sich Ihrer Ziele klar und verfolgen Sie diese konsequent!

18. Trauen Sie sich: Machen Sie auch einmal genau das Gegenteil von dem, was man von Ihnen erwartet!
Sie werden erstaunt sein über die eklatante Wirkung.

19. Niederlagen und Siege entstehen im Kopf!
Erst wenn Sie sich aufgeben, verlieren Sie die Konfrontation.

20. Wiederholen Sie Vorwürfe nur, wenn Sie sie ins Lächerliche ziehen oder als die alleinige Meinung des anderen darstellen wollen!
Wiederholungen prägen sich ein!

21. Wiederholen Sie wichtige Botschaften immer wieder!
Wiederholen Sie Kernbotschaften. Mit der Anzahl der Wiederholungen steigt die Bereitschaft zur Akzeptanz. Formulieren Sie bei der Art der Wiederholung auch einmal einen Kyklos.
Ein Kyklos bildet eine Art Kreis. Wiederholen Sie am Ende einer Botschaft den Beginn dieser Botschaft.
Zum Beispiel: Ein Pferd, ein Pferd, ein Königreich für ein Pferd!
Sie können zum Beispiel auch einen Vortrag mit einem Statement beginnen und diesen dann genau auch mit diesem beenden. Diese Botschaft wird sich einprägen.

22. Seien Sie sich der absoluten Wirkung der *magic words* „und", „bitte", „danke" bewusst und setzen Sie diese auch bewusst ein!

- ➔ „Und": Schließen Sie mit „und" Ihre Meinung an eine Ablehnung, eine teilweise Ablehnung oder auch an eine Bestätigung an, um das Gesprächsklima aufrechtzuerhalten und nicht gleich den Konfrontationskurs sichtbar zu machen.
- ➔ „Und" leitet zu Ihrer Meinung über, macht sie verständlicher, akzeptabler als ein mit „aber" eingeleitetes Statement.
  Sie wirken auch überzeugender, wenn Sie vorerst eine Bestätigung gemacht haben und diese dann nicht durch ein einziges Wort, nämlich durch ein Bindewort wie „aber", „jedoch", „trotzdem" wieder zerstören! Ihr Gegenüber fühlt sich durch ein „aber" in solch einer Situation missverstanden, und Sie bauen dadurch im Voraus eine Konfrontation auf, die nicht nur sachliche Unterschiede aufweist, sondern auch auf der emotionalen Ebene negative Wirkung produziert und diese provoziert.
- ➔ „Bitte": Verstärkt positiv eine Aufforderung, einen Wunsch, einen Befehl auf der emotionalen Ebene.
- ➔ „Danke": Drückt nicht nur die Zufriedenheit über ein Entgegenkommen aus, sondern akzentuiert auch einen Befehl, einen Appell etc., lässt einen Widerspruch kaum mehr zu.

Beispiel
Würden Sie bitte so nett sein und das Fenster öffnen?
Öffnen Sie bitte das Fenster, danke.
Mit einem abschließenden „Danke" betrachten Sie Ihre Aufforderung praktisch als akzeptiert. Es ist eine verstärkende Methode, um Ihre Position eindeutig zu manifestieren.

23. Hören Sie aktiv zu!
Beim Zuhören haben Sie die Gelegenheit, Ihr Gegenüber genau zu studieren! Achten Sie auf die Körpersprache, bei welchen Inhalten Ihr Gegenüber auch durch die Körpersprache signalisiert: Das ist mir wichtig! Haken Sie dann gerade bei diesen Inhalten ein oder entwickeln Sie gerade zu diesen Inhalten Gegenstrategien.

24. Loben und anerkennen Sie fremde Leistungen!
Lob bestätigt den anderen.
Ihr Gegenüber fühlt sich von Ihnen verstanden und ist daher eher bereit, auch auf Sie, auf Ihre Wünsche, Ihre Anliegen einzugehen.

25. Lassen Sie andere Meinungen auch in Ihnen wirken!
Andere Meinungen erweitern den eigenen Horizont, der durch die eigens ausgeprägte innere Landkarte, die man auf der Basis seiner eigenen Erfahrungen, Wünsche, Wertvorstellungen etc. gebildet hat, eingeengt ist. Durch das Nachdenken, Hinterfragen anderer Ansichten kann man auch neue Möglichkeiten, andere Lösungsansätze erkennen.

26. Nehmen Sie Ihr Gegenüber ernst!
Erfahren Sie – durch das entsprechende Nachfragen, durch die aufgezeigten Fragetechniken – die innere Landkarte des anderen. Erst wenn Sie den anderen verstehen, können Sie auf ihn richtig eingehen und eine entsprechende Strategie oder – wenn nötig – Gegenstrategie entwickeln.

27. Sprechen Sie und präsentieren Sie typgerecht!
Achten Sie darauf, dass Ihr Publikum aus unterschiedlichen Präsentations- und somit Verstehens- sowie Handlungstypen zusammengesetzt ist und versuchen Sie alle Typen durch Ihren Vortrag, durch Ihre Präsentation anzusprechen.
Holen Sie jeden ab!

28. Achten Sie auf die unterschiedlichen Erscheinungsformen von Verallgemeinerungen, Generalisierungen und Verzerrungen!
Sprechen Sie diese an, brechen Sie diese auf!
Hinterfragen Sie ungenaue Informationen! Hinterfragen Sie Killerphrasen!

29. Achten Sie darauf, ob Fragen oder Aussagen mit Wertungen verbunden sind und welche Färbung diese Wertungen haben, ob dahinter eine positive oder negative Aussage steckt!
Benutzen Sie für sich Wertungen, um dem anderen entweder einen Stempel aufzudrücken oder ihn aus der Reserve zu locken.

30. Lassen Sie den anderen Ihre Idee, eine Lösung für Ihr Problem entwickeln!
Menschen rücken viel eher von ihrer ursprünglichen Position ab, wenn sie selbst aufgefordert werden, eine Idee zu entwickeln, einen Lösungsansatz darzulegen.
Wenn jemand noch dazu mit seiner Idee einem anderen helfen kann, praktisch die Lösung für dessen Problem herbeiführt, und dadurch noch als

„guter Mensch" dasteht, ist er viel eher dazu bereit, Dinge zu akzeptieren, die er vormals schlichtweg abgelehnt, ja entrüstet von sich geschoben hätte. Es war ja schließlich seine Idee, und er wird sich daher auch daran halten.

Beispiele
Ihr Chef hat Sie mit Aufgaben überhäuft, die in dem vorgegebenen Zeitrahmen nicht zu bewältigen sind. Wenden Sie sich mit Ihrem Problem an Ihren Chef, zeigen Sie ihm Ihr Problem auf, lassen Sie von ihm eine Gewichtung, eine Rangordnung der Aufgabenstellung entwickeln, dann wird er auch mit der Dringlichkeit der Durchführung von Ihnen einverstanden sein (müssen).

Ihr Nachbar beschwert sich, dass Sie immer wieder vor seiner Einfahrt parken. Sie versuchen ihm klarzumachen, dass dies nur dann der Fall ist, wenn Sie etwas ausladen, wenn Sie von Großeinkäufen nach Hause kommen, weil Sie von diesem „Parkplatz" aus den kürzesten Weg in Ihr Haus haben. Ihn stört es aber schon, wenn er nur Ihren Wagen vor seinem Haus stehen sieht, auch wenn er gerade nicht dringend wegmuss.
Erklären Sie ihm Ihre Situation: „Mein Auto steht vor Ihrer Ausfahrt. Sie haben Recht, das ist nicht in Ordnung, da ich Sie dadurch am Ein- und Ausfahren hindere. Ich stehe aber immer nur dann vor Ihrer Ausfahrt, wenn ich von einem größeren Einkauf nach Hause komme und auslade, da der Weg von Ihrer Einfahrt in mein Haus viel kürzer ist als der Weg von meiner angebauten Garage zu meiner Eingangstür, da ich da erst durch den ganzen Garten marschieren muss. Sie fühlen sich durch mich behindert? Das darf selbstverständlich nicht sein! Das will ich auch nicht! Haben Sie vielleicht eine Idee, wie ich es anstellen kann, dass ich doch hier kurz ausladen kann, ohne dass Sie sich von mir in Ihrem Umfeld behindert fühlen?"

Sie wollen eine Party feiern und brauchen dazu auch Musik. Sie wissen, dass laute Musik und Lärm Ihren Nachbarn stören.
Besprechen Sie die Situation mit ihm! Zeigen Sie Verständnis für seinen Einwand: „Es ist ganz klar, dass laute Musik am Abend Sie stört. Ich feiere heute meinen Abschluss und habe 20 Leute zu einer Party eingeladen. Ohne Musik kommt keine Stimmung auf. Wie könnten wir gemeinsam dieses Problem lösen, sodass ich Musik spielen kann und Sie sich nicht gestört fühlen?"

Sie können diese Methode noch verstärken, indem Sie nicht nur Verständnis für den Einwand Ihres Gegenübers zeigen und ihn zum Ideenentwickeln, zum Finden eines Lösungsansatzes ermutigen, sondern ihn durch Lob und dadurch, dass Sie ihn um einen Gefallen bitten, emotional motivieren!

Beispiel

- → Wiederholung des Vorwurfes in fragender Form:
  Meine Musik ist Ihnen zu laut?
- → Entschuldigung und Eingeständnis des Fehlers:
  Das tut mir Leid! Ich muss zugeben, dass ich darauf nicht geachtet habe, dass sie für andere Personen zu laut sein könnte!
- → Loben Sie den anderen:
  Ich finde es nett von Ihnen, dass Sie sich die Mühe machen und persönlich vorbeikommen und nicht gleich die Polizei rufen!
- → Bitten Sie ihn um einen Gefallen:
  Darf ich Sie um einen Gefallen bitten. Ich möchte die Lautstärke meiner Anlage gerne testen. Würden Sie so nett sein und in Ihrer Wohnung den Testhörer spielen? Sagen Sie mir dann, bis zu welcher Lautstärke die Musik von Ihnen als nicht störend empfunden wird. Ich werde mir die Position merken und weiß dann, wie weit ich aufdrehen kann, ohne Sie zu belästigen.
- → Ideenfindung durch den anderen:
  Oder haben Sie einen anderen Vorschlag?

Resümee für Sie

Jetzt, nach dem Studium dieses Buches, sind Sie nicht mehr Lehrling, auch nicht mehr Geselle!

Sie sind jetzt Meister

- ➔ im Verstehen,
- ➔ im Sich-einstellen-Können auf den anderen,
- ➔ im besseren Argumentieren,
- ➔ im Austricksen,
- ➔ im Fragestellen,
- ➔ im Erwidern,
- ➔ im Schlagfertigsein,
- ➔ im Reagieren auf Taktiken und Tricks, die gegen Sie eingesetzt werden!

Sie haben nun ein Wissen, das Ihnen niemand mehr wegnehmen kann. Wenden Sie es an!

Dann sind Sie **unschlagbar**!

Kontakt

Mag. Dr. Ulrike Manhart
Tel: (0676) 37 58 809
E-Mail: ulrike.manhart@aon.at

Seminare
Techniken der Verhandlungsführung
Einsatz fairer Regeln und Abwehr unfairer Methoden
Frage- und Interviewtechniken
Schlagfertigkeitstraining
Präsentationstechniken
Moderationstechniken
Sozial- und Persönlichkeitskompetenztraining
Life-Balance-Training
Umgang mit schwierigen Menschen (Geschäftspartner, Klienten, Patienten ...)
Konfliktmanagement

Stichwortverzeichnis